人文死生学宣言

私の死の謎

The Enigma of
My Own Death:
Thanatology as Humanities

渡辺恒夫
三浦俊彦
新山喜嗣
編著

春秋社

まえがき――人文死生学宣言

人はだれでも死ぬ。

だからこそ死は、この世で最も重要で、最も多くの人類の英知をつぎ込まねばならない謎《エニグマ》のはずである。

にもかかわらず、私たちの文明にあって、死の英知が日陰に追いやられて久しい。

なるほど死生学が、二〇世紀の末に、アルフォンス・デーケンの手で海外から日本へと移植されてはいる。けれどもその後の死生学の展開は、もっぱら臨床死生学・医療死生学としての、つまり死にゆく当事者を他者として見守り支援する側の、対人援助の技術の学としての発展が、中心になっているように見える。さもなければ古代や中世の民衆や、主な思想家、宗教家の死生観を、学問として客観的に研究する思想史としての展開か。そのどちらかにほぼ限定されているのではないだろうか。

けれども、死ぬのは「患者」や「クライアント」や古今の思想家・宗教家だけではない。この私も死ぬのである。ほかならぬ私が死ぬということにこそ、死の謎《エニグマ》の核心があるのである。それゆえ、これらの死生学の書物や論文に接して、ある疑問が起こるのを禁じえないのだ。これら死生学の研究者や、対人支援従事者自身の死生観が見えてこないという、根本的な疑問が。さらに、失礼を顧みずに言えば、自身の死生観を明らかにできないような対人支援者に、身体的物理的支援以外の支援が果たしてできるのかという疑問が。

なるほど前述のデーケンの著作を読むと、もともとカトリックの聖職者である彼の死生観が、キリスト教的な永遠の生命にあるらしいことが、たいていはその著作の最後の方になって明かされることに気づく。けれども、日本における死生学・死への準備教育の指導者であるにもかかわらず、このデーケン自身の死生観が、私たち現代人にとって受け入れるに足る妥当なものであるかが、正面切って論じられているという話をあまり聞かない（詳しくは第2章参照のこと）。また、エリザベス・キューブラー＝ロスといえば、『死ぬ瞬間』（読売新聞社、一九七一年）を始めとする一連の著作や活動によって死生学の発展に大きな影響を与えた精神科医であるが、晩年、「死んだらどうなるの？」と病床で問う子どもたちに対し、大きなぬいぐるみを使い、蛹が脱皮して蝶になるところを実演して見せていたという。このような死生観も、彼女自身が述べているように「あんまりたくさんの子どもの死を見すぎてオカシクなったかわいそうなエリザベス」といった反応を周囲に引き起こすのみで（『死ぬ瞬間の子どもたち』読売新聞社、一九八二年）、自分自身の死生観としての妥当性がまともに議論されているという話は聞かない。

医療関連の教育を受けた死生学の研究者や実践家の「本音」が、「死後は虚無である」というものであることは、筆者の個人的な経験からも十分見当がつくところだ。ところがこの「虚無」とは、はなはだしく思惟の対象にしにくい事態ではないか。死は虚無ということを言う人は、自分が今夜中に死ぬのなら「明日はない」、といったことを言う。けれども、明日も変わらず日は昇るではないか。質量の保存則が支配する世界では、何一つ虚無に帰するわけではない。（第4章でも触れられるが）「死後は虚無」とは極めて一人称的な死の了解にほかならない。それゆえ死後は虚無という一見唯物論的な死生観は実は、三人称的な「他者の死」と一人称的な「自己の死」との異種混交が生み出した、認識論的混乱の産物と思われてくる。――このような議論に臨床・医療死生学の中でお目にかかることも、無論、ないのであるが。

本書の著者たちは、このような死生学の、隔靴掻痒（靴底を隔てて痒い足裏を掻く）という言葉にぴったりの現状に飽き足らず、死を定められた当事者として自己の死を徹底的に思索しぬく場として、人文死生学研究会という会を設けるにいたった（第Ⅱ部の「コラム・人文死生学研究会創生のころ」参照）。人文死生学とは、元々、臨床死生学に対比させた名称であるが、自己の死を思索するために、現象学、分析哲学、論理学、宗教学など、人文学もしくは人文科学と称されている諸学の成果を、徹底的に活用しようという意図が込められている。本書はその最初の成果である。

もちろん、私たち著者の多くの人文系諸学へのスタンスは、専門家が職業としてその専門領域に携わるのとは、大幅に異なっている。しかしながら、死を定められた者として私たちの誰しもが、当事者研究としての死生学を営む権利と責任がある以上、そのために人文系諸学を利用し活用するというのは、職業としての専門研究の場合よりも、かえって、ハイデガー的な意味で「本来的」な、学問への接し方であると言えないだろうか。

以下に本書の構成を述べる。

第Ⅰ部（人文死生学への招待）には入門的な三篇を収めた。第1章（渡辺）は身近な話題から説き起こしていて平易に書かれているが、人文死生学という「学」を唱えるには対象領域を確定する必要があり、それには自他の死の認識論的峻別を必要とするという議論を併せ、本書全体の「序論」的な性格を持たせた。第2章では新山が、これまでの死への準備教育と臨床死生学の問題性を、精神科医として医療に自ら携わる立場から抉りだし、死の超越論的次元の存在を予告する。従来の臨床死生学と本書（人文死生学）を繋ぐ章として書かれ、同時に第Ⅱ部への準備をなす章ともなっている。第3章では理科系出身の人類学者である蛭川が、科学技術における不死のテクノロジーの発展と、フィールドワークに基づく臨死体験や体外離脱などいわゆる神秘的宗教的体験を結び付けて、新たなる死生観を模索する。

第Ⅱ部（各論篇）には「死と他者の形而上学」という総題を付けたが、これには人文死生学を学として成立させるための方法論的二本柱の意義を込めたつもりである。まず「私の死」という直接経験しえない領域を思考可能にするには方法論的工夫が要るが、これが広い意味での形而上学に当たる。もう一つの方法論的要請がすでに述べたように自己の死と他者の死を認識論的に峻別することであり、その結果として「他者の謎」が新たに自覚されるにいたるのである。「私の死の謎」と「他者の謎」とは、双生児的な形而上学的問題領域を成すといってよい。

第4章では、「《他者》とは時間を異にした《私》なのか」と題して渡辺が、心理学の立場からなされた幼少期の自我体験研究から出発し、フッサール現象学によって自我体験を解明すれば《私の死》の謎の核心とは、私の死後にも生きる他者とはいかなる意味をもって存在しているのかの謎であることになると説く。第5章では重久が、「ナーガールジュナから構想する生と死のメタフィジックス」と題して、インド仏教学の立場から、現代ではトンデモないと思われている輪廻転生が、論理的に可能な死生観であることを明らかにする。第6章では新山が、「個体と可能世界の形而上学」という副題で、第2章で予告した死の超越的形而上学的次元を、現代分析哲学が生んだ形而上学である可能世界論を使って解明する。これら各章は、現象学・仏教哲学・分析哲学と、それぞれ別個の分野に依拠しているので、順序通り読むよりは、読者自身にとってとっつきやすく思われる章から読み始めるという読み方をお勧めする。最後の第7章では、分析哲学を専門とし、共著者の中で最も自然科学寄りの世界観に立つ三浦によって、第Ⅱ部の諸章への辛口批評が展開される。この構成には、人文死生学の「誕生」を内部から「死産」に導きかねない危うさをおぼえる読者もいるかもしれないが、これを受け入れるか否かは読者に任されている。そもそも自然科学万能の時代での人文死生学とは難産にしかなりようがないというのが、この構成に込められたメッセージとなっている。そして末尾に置かれた「付論」では、第7章での三浦の批判に応答して他の執筆者が短いコメントを寄せ、ひらかれた議論の場へと読者をいざなう。

近年、人文系諸学は、理工系や医療系にくらべ、役に立たないということで風当りが強い。大学の人文系学部削減の動きまでである。けれども夜半にたったひとりで死を想うとき、思索のよりどころになるのはやはり、人文系諸学なのではないだろうか。人文死生学の誕生が人文学の復権に少しでも寄与するところがあれば、それも本書の最大の副産物となろう。

編者を代表して

渡辺恒夫

人文死生学宣言——私の死の謎

目次

人文死生学宣言——私の死の謎

I 入門篇——人文死生学への招待

第1章

「死一般」でなく「私の死」を謎として自覚するための実験実習《エクササイズ》

渡辺恒夫

1・1 はじめに

この章題を見て、「私」も人間の一人である以上、「私の死」とは「人間の死一般」の一例ではないか、どこに区別をする必要があるのかと、いぶかる人もいるかもしれない。けれども、「死の謎」とはそもそも、「私の死の謎」としてしか成立しえない。このことを如実に示すエピソードと、そして私を自覚するための「実験実習《エクササイズ》」——マッハ自画像の実験という——とを紹介することをもって、本書全体の序論ともなっている本章を始めよう。

長年勤めていた理科系大学の、退職教員「同窓会」に出席したときのことだった。比較的親しくしていた元物理学科教授のFさんに久しぶりに会って話が弾んだ。

そのうち、研究室《ラボラトリ》なしでは研究が続けられない理科系と違って、文科系は一生研究できるので続

1・2 マッハ自画像の実験

マッハとは、音速の単位に名を残す一九世紀末のオーストリアの物理学者、エルンスト・マッハ（一八四七－一九一三）のことである。哲学者としても知られている。そのマッハが『感覚の分析』という本に、図（1－1）のような「自画像」を載せている。

ふつう、自画像というと、ゴッホの有名な、自分で耳を切りとった跡を包帯で巻いた絵のように、鏡に映った姿を描くものだろう。けれどもこの絵は、鏡や写真をいっさい参考にせず、自分自身の視野に映じた限りでの自分の姿を描いている。「鏡も写真も参考にせず、目に見える通りに忠実に自分の姿をスケッチしなさい」と指示されたとして、それを文字通り忠実に守ってはじめて描ける絵だ。

しかし、そのように指示されても、このような自画像を描けるものだろうか。実際、これまで、大学の講義の最初の時間や学会での講演といった時間を活用し、A４版の白紙を渡し上記のとおりの指示を与えて自画像を描いてもらう試みをなんどかしてみたのだが、結果は予想通りというか、ほとんどの人が、自分の目に見える通りではなく、記憶を頼って、自分の姿を第三者視点で見た姿を描いたのだった。指示どおりにマッハ的な自画像を描けた人は五〇人にひとりもいない、といったところだろうか。

そこで次に、ある「実験」を試みた。まず今度は、「鏡も写真も参考にせず、自分の目に見える通りに忠実に、自分と他人の姿を一枚の画面の中にスケッチしなさい」と指示をして、大学での授業中に描いて貰った。次に、図1－2のようにマッハの自画像の中に他人が闖入した絵を示して、「指示に忠実に描けばこういう絵になるはずですよ」と教える。そうして、宿題として家でもう一度、「自画像と他者像」を描いてきてもらう。さらに、マッハ的手本を見る前に描いた最初の絵と、見た後に描いた絵との間に、どのような差異がでてきたかを考察し、それについての感想を付けてレポートにして提出してもらうのだ。

提出されたレポートには、少数ながら興味深いものが見つかった。なかで次のものは、感想として最も深い部類に属する。

図1－1　マッハの自画像

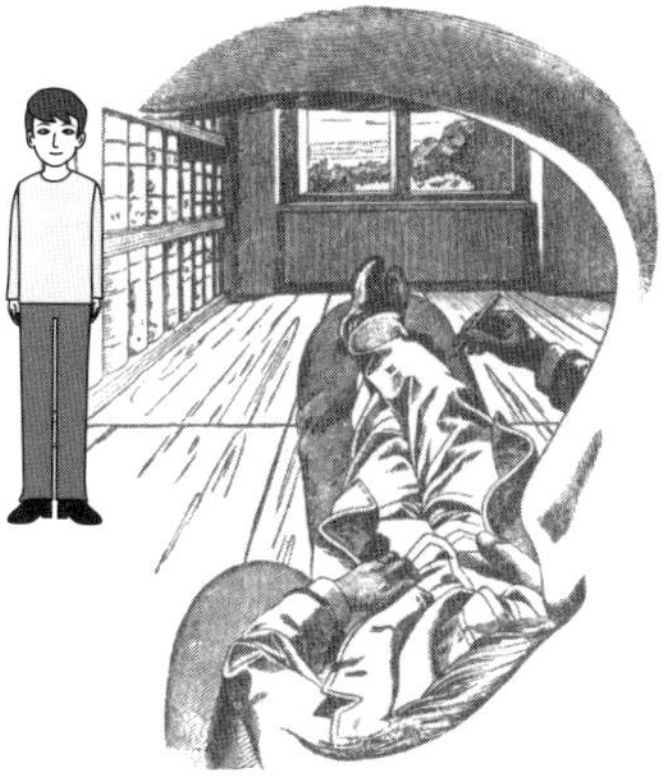

図1－2　マッハ的な〈自画像と他者像〉

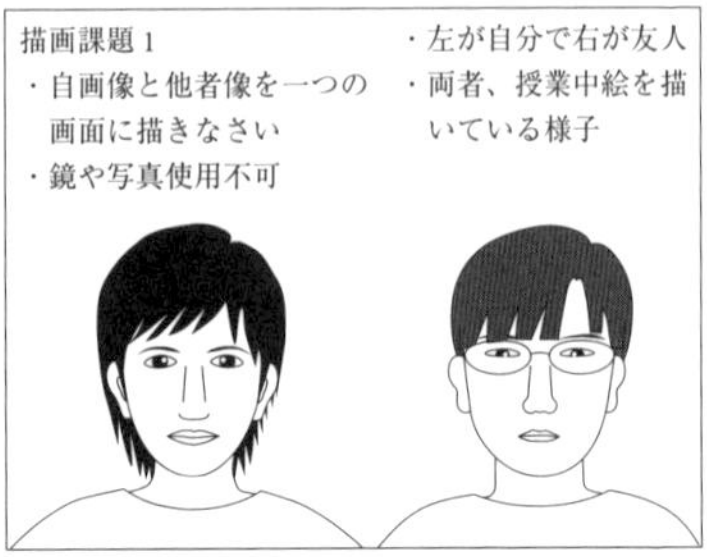
描画課題 1
・自画像と他者像を一つの画面に描きなさい
・鏡や写真使用不可
・左が自分で右が友人
・両者、授業中絵を描いている様子

図1－3　学生による自画像と他者像

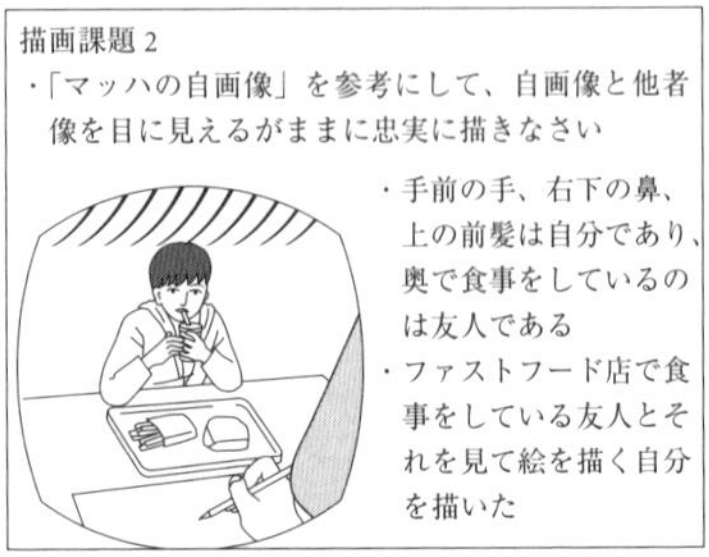
描画課題 2
・「マッハの自画像」を参考にして、自画像と他者像を目に見えるがままに忠実に描きなさい
・手前の手、右下の鼻、上の前髪は自分であり、奥で食事をしているのは友人である
・ファストフード店で食事をしている友人とそれを見て絵を描く自分を描いた

図1－4　学生によるマッハ的な自画像とと他者像

まず、マッハ的手本を見る前に描いた「自画像と他者像」が、自分と友人とが共に正面を向いてならんでいるという、よくある構図で描かれる（図1―3）。

次が手本を見た後で、家で描いてきた絵である（図1―4）。「ファストフード店で友人と食事をしている」と説明がついていて、友人に相対する自分は、鼻と額にかかった髪の毛と、鉛筆を持った手によって表現されている[2]。

秀抜なのは、絵に添えられた「考察」であった。

事例・マッハ的自画像実習の考察

(i) 昔から自画像を書くとなると、なにも考えずに自分のイメージである写真や鏡で見た他人から見える間接的な自分の姿を描いていた（図1―3）。

(ii) しかし、今回は自分から見えるがままの自分を初めて描いた（図1―4）。

(iii) ここで私は、普段自分を、絵を書いた中の他人と同じ人間の一人として捉えていることに気づいた。

(iv) そして自分は本当に他人と同じ存在であるのか（うまく表

現できないが）という不思議な感覚も感じた〔番号は引用者〕。

また、次の、別の学生による二つの「感想」も、それぞれ意義深いものがある。

よく学校で『自分を客観視できるようになれ』という言葉を聞かされたのだが、むしろ我々はいつも自分を客観的にしか見てなくて、逆に主観的に見ることの方が難しいのではないかと、考えた。

スケッチをしていて感じたことは、いかに日頃の生活では自分を主観的に捉えていないか、ということである。また、自分を主観的に捉え、自己像をスケッチする作業は、自分自身のありのままの姿を受け入れなければならないため、自己との格闘であった。

そう。私たちは日頃は、自分を「他人たちの間の一人の他人」としてしか捉えていないのだ。そしてこれが、学校などで聞かされる「自分を客観視できるようになれ」という教えの正体なのである。だから、自分と世界を「主観的に見る」、つまり「自分自身のありのままの姿」を見るには、三番目の事例がいみじくも書いているように、「自己との格闘」が必要になってしまうのだ。

1・3　「私の死」が謎であるためには「私」が、そして「私の誕生」が謎でなければならない

最初の事例の「考察」を、もう一度読んでみよう。後半は次のようになっている。

(iii)　ここで私は、普段自分を、絵を書いた中の他人と同じ人間の一人として捉えていることに気づいた。

(iv)　そして自分は本当に他人と同じ存在であるのか（うまく表現できないが）という不思議な感覚も感じた。

ここには、「死の謎」一般ではない「私の死の謎」を問う前提としての、「他者たちの間の一人の他者ではない自分自身の自覚」が、明確にかつ鮮烈に述べられている。けれども、(iv)の解釈はいささか難しい。そもそもなぜ、この学生は、「うまく表現できないが」「不思議な感覚も感じた」のだろう。いわゆる自我の自覚とは、自分は他の誰とも異なった存在であることの自覚から始まる。それは、冒頭に出てきた物理学者のFさんだって、自我意識がある以上は同意してくれるだろう。こんな当たり前の自覚をなぜ、彼は、「うまく表現できない」「不思議な感覚」と書いているのだろうか。

子どもが大人になっていく過程で、誰でもが、自分は他人と同じではなく異なる存在であることに気づく。けれども、この段階、この水準に留まっていたら、「うまく表現できない」「不思議な感覚」は生じない。なぜなら、子どもはまもなく、「一人ひとりの他人も、『自分は他人と同じでなく異なる存在である』と思っている」ことに気づくのだから。

自分は他人と異なる存在と自覚しても、「自分は他人と異なると自覚している存在」が地球上だけで七〇億もいるのでは、自分は七〇億個のメンバーを擁する「類」の一例に過ぎない。だから、七〇億から成る類の成員が次々に死んでいく以上、自分もいつか死ぬのだし、自分の死も「ヒトの死」一般の一例に過ぎない。そこには生物学的事実以外のいかなる「謎」もない。――思うに、冒頭の物理学者も、意識的あるいは無意識的に、このような思考の道筋を辿ったのだろう。

だから、この学生の述べる、「うまく表現できない」「不思議な感覚」とは、このような常識的な意味とは、まったくことなる水準の問いに直面したことの表れなのである。「自分は本当に他人と同じ存在であるのか（うまく表現できないが）」とは、「自分は本当に他人たちの構成する七〇億の『類』の一員なのか」という意味なのである。裏を返していえば、「自分はひょっとしたら、『類』のない、ほんとうに類例なき唯一の存在ではないのか」という、恐るべき疑念なのである。

このような恐るべき疑念のことを、第4章では、「独我論的体験」と言っている。事例4-4（七六頁）では別の大学生が、他人たちの構成する「類」の一員として自分がいるという常識は自分には絶対に「理解」できないので、「納得」するしか仕方なかった、といったことを述べている。この事例のように明瞭ではなくとも、第4章に扱われている、児童期に生じる深い自我の自覚である自我体験には、類の一例としての自己としての自覚と、類例なき唯一の自己の自覚との間のパラドックス意識が、暗示されているものが少なくない。

そういうわけで、「死」を謎としてとらえるためには「私の死」を謎としてとらえなければならないが、そのためには、「自分は本当に他人と同じ存在であるのか（うまく表現できないが）という不思議な感覚」に耳を傾けて、私の存在を謎としてとらえなければならないのである。といって、私は永遠の昔から存在していたわけではなく、ある時点でこの世に出現したのである以上、私の存在の謎とは、私の誕生の謎でもある。私がなぜこの世に出現したのかを問うことこそが、私の存在の謎を、さらには私の死の謎を、謎として浮かび上がらせるのである。人文死生学の出発点は、何よりもまず、「類例なき唯一の自己としての私はなぜ出現したのか」を問うことにあるといってよい。

1・4　私の謎とは他者の謎でもある

さらに一歩を進めて言えば、自己と他者とが対をなす存在である以上、私の謎とは他者の存在の謎でもある。

そもそも学問とは、共通了解性に基づく知の共同体を前提にしてしか成立しない営みではなかったか。「自分は類のない、ほんとうに類例なき唯一の存在である」などと自覚したら、かえって人文死生学という学の成立が危うくなってしまうのではないだろうか。私が自己の「唯一性の自覚」について共同体へ語りかけ、このような著作まで企画するということ自体すでに、心の底では、

「他者の一人ひとり」もまた「自己の唯一性の自覚」を持ってほしいと、パラドキシカルにも願っているということになるのではないだろうか。

このような、隠されたパラドキシカルな「願い」のことを、第4章では現象学の用語を借りて、「自他の等根源性の要請」と呼んでいる。他者もまた、この私と同水準の、唯一性という根源的自覚をもって存在していなければならない、ということの要請である。もちろん、この要請が実現すれば、私はふたたび唯一性を失い、七〇億個の「類」の一員になってしまい、「私の死の謎」は「死の謎一般」へと格下げされてしまう。だから、自己の唯一性の自覚と自他の等根源性の要請の間には、すでに述べたようにパラドックス関係がある。これを第4章では、人間的世界経験の根源的パラドックス構造と言っている。

唯一の私が死んでも、他者たちはなお存在を続けている。そのように信じているからこそ私は、日頃から「汚名を後世に残さないように」こころがけ、死を自覚した時には墓を買ったり身辺を整理したりして、「人に迷惑をかけないように」するのである。そのような、「後世」に生きる「人」とは、つまり、自己と等根源的な他者とは、いったい誰なのだろうか。人文死生学は、私の謎にくわえて他者の存在の謎に直面することになるのである。

そして私は、ここでまたしても恐るべき疑念にとらえられるのである。それもまた私なのではないだろうか、と。私が唯一性をもって存在し、他者もまた私と等根源的に存在するのだとすると、唯一者が多数（七〇億?）存在することになってしまう。これは背理である。だから、脱出口は一つしかなくなる。自己と他者とは同一ではないのか。私が後世の人に迷惑をかけないようこころがけるのも、私亡きあとの後世の人々もまた私であることを、心の深い奥底で薄々感知しているからではないだろうか……。

このように、「私という謎」に加えて「自己と等根源的な他者とは誰か」を問うことで人文死生学は、「死の謎一般」から出発するよりもはるかに豊かな死生観の地平を拓くことができるのである。このような問題設定こそ、本書の著者らが、立場のちがいを超えて何らかの形で共有するものであると、私には思われる。

註

(1)ペンローズ『ペンローズの〝量子脳〟理論——心と意識の科学的基礎をもとめて』(ちくま学芸文庫、二〇〇六年)、茂木健一郎『脳とクオリア』(日本経済新聞社、二〇〇一年)など。

(2)なお、図1-3、図1-4は、学生による描画をもとに『夢の現象学・入門』(渡辺恒夫、講談社選書メチエ、二〇一六年、第6章)においてイラスト化されたものをベースとして、今回、新たに描き起こしたものである。

第2章
われわれは死を克服することが可能なのだろうか
「死への準備教育」と「スピリチュアルケア」への疑問

新山喜嗣

2・1 はじめに

いつの時代にも、われわれの間に飛び交ういくつかの言説があったはずである。さしあたり、現代のわれわれが共有する死にかかわる言説の一つは、おそらく次のようなものであろう。それは、――かつて死はわれわれの身近にあったが、近代から現代にかけて非日常化され、病院という人々の目に触れにくい暗所に隠蔽されてしまった――という言説である。それは、死がもはや封印されて、死を語ることさえタブーとなったという極端な主張にまで発展することになる。たしかに、予想を超えた現代医療の進歩や家族形態の急激な変化といった特殊近代的な要因によって、病院や施設で臨終を迎える人々の割合は増えている。また、本邦を見渡す限りでは、それまで生活の隅々に密着していた多くの宗教的儀礼が、近代に至って日常の習慣から姿を消しつつある。このような目に見える社会の事象は、かつて死はわれわれが慣れ親しんだものにもかかわらず、いつからか死はわれわれに疎遠なものになったとする、先の言説に見かけ上の根拠を与えているのかもしれない。

このような言説がゆきわたり始めた時期に、満を持すかのように人々の耳に触れるようになったのが「死への準備教育」である。この「死への準備教育」は、本邦では一九八〇年代よりアルフォンス・デーケンが先頭に立って提唱し、死に関わる多方面の具体的な知識を、大人を始めとして初等・中等教育を受ける子供も含めて得ることができるように援助することを目的とする運動である。このような運動は、デーケン自身が「生と死を考える会」を主催し、学習会を通じて全国の市民運動にも影響を及ぼしていることはよく知られているところである。一方、「死への準備教育」が展開されていったのと時期をほぼ同じくして、ガンなどで死期が迫った人々に特化した終末期医療の必要性が本邦でも唱えられるようになり、それに呼応してホスピスや総合病院内の緩和ケア病棟が全国に設置されるようになった。これらの施設では、全人的医療の視点から、本人の身体的ペイン、心理的ペイン、社会的ペインの緩和に加えて、死そのものがもたらす死への恐れや人生への懐疑といったスピリチュアルペインの緩和をめざす「スピリチュアルケア」の重要性が叫ばれ、これを実施する医療施設も増えつつある。

本章の目的は、死に関わる思考として本邦に定着しつつあるこれら「死への準備教育」と「スピリチュアルケア」の二つに焦点を当て、両者には無視することができない問題点が伏在することを指摘することにある。先んじて、結論の概略を述べると次の通りである。まず、「死への準備教育」の運動については、この運動は、われわれは死を知ることが可能であり、また、その知を他者に伝授することも可能であることを前提としている。しかし、そのようなことが可能な知は、あくまで死の核心をそれた死の周辺部をなす知であり、死の核心そのものは、教育といった知の授受の場面に始めから適合しない疑いがある。一方、「スピリチュアルケア」はスピリチュアルペインの緩和とされながら、緩和の対象となるのは終末期における環境の変化といった実生活に由来するペインである。すなわち、スピリチュアルペインの本体をなす死の存在論的な孤独といった領域は、「スピリチュアルケア」では手つかずのまま残される。これらのことは、「死への準備教育」と「スピリチュアルケア」は決定的な不備を共有していることを示しており、それは、どちらも死の核心的な事態には接触していないという点である。

2・2 「死への準備教育」への疑問

2・2・1 「死への準備教育」の概要

前述のように「死への準備教育」は全国的な拡がりをみせており、その枝葉となる部分は各地の実態に合わせて変更がなされている部分もある。ただし、その目的や方法の中心となる部分はあくまでデーケンの提案を原点としていることはまちがいなく、本章ではデーケンの主張そのものに焦点をあてる。

デーケンは「死への準備教育」をいくつかの観点から説明を試みるが、もっとも明解にその全容を把握できるのは彼が十五の目標として提示したものであろう。それらを簡単に列挙すると次のようになる。[1]

(1) 死へのプロセス、ならびに死にゆく人々が抱える多様な問題とニーズについて理解を促す。
(2) 生涯を通じて自分自身の死を準備し、自分自身だけのかけがえのない死を全うできるように、死についてのより深い思索を促す。
(3) 悲嘆教育(グリーフ・エデュケーション)として、身近な人の死に続いて体験される悲嘆のプロセスについて理解することを目指す。
(4) 極端な死への恐怖を和らげ、無用の心理的負担を取り除く。
(5) 死にまつわるタブーを取り除き、死という重要な問題について自由に考え、また話すことができるようにする。
(6) 自殺を考えている人の心理について理解を深め、また、いかにして自殺を予防するか教える。
(7) 告知と末期癌患者の知る権利についての認識を徹底させる。
(8) 死と死へのプロセスをめぐる倫理的な問題への認識を促す。
(9) 死に関わる医学と法律の諸問題についての理解を深める。
(10) 葬儀の役割について理解を深め、自身の葬儀の方法を選択して準備するための助けとする。
(11) 時間の貴重さを発見し、人間の創造的次元を刺激し、価値感の見直しと再評価を促す。
(12) 死の芸術(アルス・モリエンディ)を積極的に習得させ、第三の人生(老年)を豊かなものとする。

(13) 個人的な死の哲学の探究と、文化的・教育的背景によって制約された死に関する社会的・心理的・イデオロギー的固定観念から人間を解放し、各人が死について自分なりの個性的な理解を自由に選び取ることができるよう援助する。

(14) 宗教における死のさまざまな解釈を探る。その際、生きがいと死にがいの相互関係についても考察する。

(15) 死後の生命の可能性について積極的に考察するよう促す。その際、根源的希望が現在の生活に占める重要な役割を理解する。

以上の一五項目にわたる目標に対して、デーケンによれば知識のレベル、価値観のレベル、感情のレベル、技術のレベルの四つのレベルにおいて達成が目ざされるべきであるとされる。また、当初より生涯教育を趣意としており、彼によれば「死への準備教育」は、「よりよく生きるための教育」としてのライフ・エデュケーションであるとされる。このような考え方は、彼の以下の言葉に集約されていよう。――また、人生全体の意義は究極的には死をもって決定づけられ、定義されるものであるから、死への準備教育は同時によりよく生きるための教育でもある[2]――。

2・2・2 「死への準備教育」を支える前提となるもの

デーケンは、このように「死への準備教育」の目的を一五項目に分類して列挙したが、彼は次から述べる二点の重要な確信を基底にもつことが容易に見てとれる。そして、それらの確信が前提となることによってこそ、はじめて「死への準備教育」を進めることが可能とされていることは間違いない。

一点目の確信は、われわれが死を知ることができることはまちがいないというものである。そもそも、「教育」という名を打つ以上は、教える側があらかじめ教えるべき何某かを知りえていることが必要となろう。それだからこそ、その何某かを教わる側に伝達することも可能となるはずである。あるいは、互いに学び合う対象として、何らかの見解の一致点を見いだせるような何某かがあることが必要であろう。たしかに、葬送儀礼に関わる知識、疾病に関わる医学・心理学的知識、現代社会の生命倫理における主要な論点に関する知識などは、そのような対象となり得るかもしれない。しかし、「死への準備教育」は先述した目標の(13)に死の哲学の探究を謳ってある通り、死の周辺にある文化や習慣だけではなく、直接的に存在論的な水準での「死の本質」にも触れようとしていることは明白である。それは、次のようなデーケンの言葉からもわれわれは窺うことができる。――死を意識し、おのれの生きる時間が限られていることを自覚する時、人はかけがえのないこの人生の貴重さを改めて認識し、残された時間をより豊かにまた健やかに生きるべく努めるようになる[3]――。このようなデーケンの意図に沿えば、死の本質に関わる見解は誰もが所有でき、そのことによってこそ、われわれの人生にも意義や価値がもたらされることになる。

けれども、次のような疑念がわれわれの脳裏をかすめるのではないだろうか。すなわち、死の本質がどのようなものであるかという見解を、いったいどれほどの人々がすでに所持しているのだろうか。また、もしもまだ所持しない者がいたとしても、これから所持しえることはそれほど自明なことなのだろうか。そもそも、死の本質に関わる何らかの見解を人類はもはや手にしているのだろうか。あるいは、そのような見解は、われわれ人類が手に入れることができるようなものなのであろうか。さらには、仮にそういった死の本質に関わる知が存在したとしても、それを学習として他者に伝達することは可能なのだろうか。そして、このような伝達によって、その知は互いに共有できるものなのだろうか。これら一連の問題は実は一体をなしていると考えられ、これが、デーケンの確信に対する筆者の疑念の開始点である。次節からは、この疑念を中心に考察を進めてゆく。

デーケンによる二点目の確信は、彼がもつ宗教的な信念についてである。この点については、本小論を待たずにすでに何人かの論者が疑問を提出していることでもあり[4][5]、ここではこの節の中だけで簡単に確認しておくにとどめたい。周知のように、現代人は自然科学による文明の恩恵を享受すると共に、自然科学が基礎とする無神論的な自然観を受け入れることに多くの人々が躊躇しない。このように生の真只中にあるときには世界に対する無神論的な理解をしていながら、目を死に転じたとたんに急遽〝神による救い〟を期待することにためらいを覚える人々は少なくないであろう。たしかに、先述した「死への準備教育」における目的の⑬には、〝各人が死について自分なりの個性的な理解を自由に選び取ることができる〟という文が明記されており、デーケンも多様な死生観がありえることに対して一定の配慮をしようとする姿勢が見てとれる。

しかし、次に続く⑭においては〝宗教における死のさまざまな解釈を探る〟ことが目的とされ、⑮では〝死後の生命の可能性について積極的に考察するよう促す〟ことが目的とされる。明らかに、⑬に記されている無神論的な思考をも広く許容する立場と、⑭と⑮に記されている宗教的な教義に裏打ちされた信念とは矛盾するものである。この矛盾は、「死への準備教育」の全体をとらえる上で決定的とならざるを得ない。なぜなら、目的とされる⑴から⒁までの各項目の内容は、価値連関の上で最後の⒂に依存する構造をもっており、すなわち、⑴から⒁までの目的は、さらに究極的な目的である⒂を達成するための具体的な手段と捉えることができるのである。そして、⒂には〝根源的希望〟についても言及されており、これは、デーケンに疑問を提出した論者たちにすでに指摘されているように、デーケン自身が信奉するカトリック教義における「神の国での永遠の生命と希望」にきっちりと重なるものである。元来、「死への準備教育」は一九六〇年代に米国や欧州のいくつかの国を起点として、大学における心理学や哲学の教育課程として始められ、英語では death education の呼称を与えられている。それを、デーケンが独自の意図を込めつつ「死への準備教育」と邦訳したのであるが、わざわざ「準備」なる言葉を新たに挿入したのは、〝神の国に入る準備〟という意図があったものと推量されるのである。このように、目標点として一定の宗教上の教義が潜在していることは、万人にとって普遍的に適用されるべきとする「死への準備教育」のもつ本来の意図にとって足かせとなる可能性がある。

2・2・3 死を学習したり準備したりすることは可能か

当然なことであるが、人生における死がもつ意味は個々人によって多様であり、また人類の長い歴史におけるそれぞれの時代によってもそれは多様であったろう。このことに対しては、生活が異なればその生活に与える死のあり方も異なっていることから、誰もが容易に同意する事柄であると思われる。しかし、その一方で、ここでわれわれが留意すべきことは、人間の死は人や時代の差異を越えて普遍的な死の本質に関わる側面をもつということである。すなわち、死を宣告されたものは、死の刹那において自身のかけがえのない唯一性が絶対的に消失するという現実の前に立たされることになる。しかも、唯一性の消失によってもたらされる自己の非存在は、その後も無限の時間にわたって続いてゆくとされているのである。このような死がもつ存在論的な極限とも言える側面は、誰にとっても、あるいは、いつの時代にあっても、常に共通するものであろう。このような死の本質的な事態を、はたして人間は正視することができるのであろうか。

実のところ、「死から目をそらす」ことへの警鐘は、何も二〇世紀後半の death education の展開を待つまでもなく、われわれの文明の長い歴史の中でたびたび鳴らし続けられてきた。たとえば、古くはソクラテスが、その後にセネカが、近世ではモンテーニュが「われわれはもっと死を学ぶべきである」ことを繰り返し語ってきた。また、死を忘れて享楽的な人生を送ろうとする人々を戒めようとする、中世に始まったメメント・モリ（死を忘れるな）の運動やそれに連動するアルス・モリエンディ（死の芸術）は人々によく知られたところである。そして、人々が「死から目をそらす」ことにあらがうようなこれらの主張には、ある共通のモチーフが内包されていた。それは、必然的な死の存在は、われわれの生を反照的に照らすことにより、生そのものに意味と価値を教えてくれるとするモチーフである。つまり、死を気づくことが、それまでの殺伐として虚脱に満ちた生を、有意義で価値のあるものに変様させるとする考え方である。この考え方は、デーケンが「死への準備教育」で主張する、死を知ることによって人生の時間の貴重さを再発見することができるようになるとする考え方とほぼ重なり合うものである。

それでは、このように人生を意義あるものにするために、われわれは人生の最終地点にある死を見たり、あるいは、知り得たりすることができるのだろうか。これは、先に問題提起をしたまま放置していた、人間は死の本質的な事態を正視することができるのかという疑問に戻るものである。このような疑問に対して、「われわれは死と真正面から対峙することができない」と回答した人々がいる。たとえば、パスカルは「死へと向かう人生において死の絶壁は、それ自身を見えなくする遮蔽物を常に必要とする」[6]と述べ、また、ラ・ロシュフコーは「死は太陽と同じ様に決して正面からじっと見つめることはできない」[7]と述べ、さらに、ジャンケレヴィッチは「死への言及はいつも寓意、宇言、周廻といった婉曲法にならざるをえない」[8]と述べた。これらはいずれも、死の鋭い断端を人間が直視することの困難を指摘したものである。

とりわけ、ジャンケレヴィッチは、われわれと時代をほぼ同じくしながら真摯で強靱な思索力によって、粘り強く死との対峙を試みた[9][10]。彼は、死について知りえるのは二人称や三人称である他者の死についてであり、自分という一人称の死については原理的に知りうることがないとして彼はこの事態を次のように言う。「わたしは他の人々にとってしか死なず、わたし自身にとって死ぬことはけっしてなく、また同様にして、わたしの側では、他人が自身知らない他人の死をわたしだけが知る」[11]。つまり、何かを知ることができるためには、知る主体と知られる対象との間に何らかの距離を隔てた位置関係があることが必要とするが、自身の死にはそのような距離は存在していないのである。それならば、せめて体験知というようなものが死について成り立つかといえば、彼によれば、死の瞬間の短さは閃光のひらめきや一瞬のまばたきとさえならず、よって、死は知りうる内容を何ももたないとされる。

さらに、ジャンケレヴィッチは、死は学ぶことも準備することもできないとして次のように言う。「セネカは、ルキリウスに『欲することは学ぶものではない』と書き送ったが、その例にならって、『死ぬことは学ぶものではない』と言いたくもなる。死に対する準備とは、あるいは単に人を煙にまく冗談にすぎないかもしれない。たしかに、習うといって、人はなにを訓練したらいいのだろう。（中略）人が覚えるのは、別々の要因に分解され、あるいは一片一片獲得することができる運動だ。だが、死ぬという行為は、部分もなく、あらゆる分析を拒むもので、一回で、ただ一撃で、いきなり即興することしかできない」。たしかに、われわれにとって学習や訓練が出来る対象は、分節をもった段階や順序があり、ときには予行することが可能であり、かつ、その全体があらかじめ見渡せるものでなければならない。つまり、自分自身が学ぶ場合でも学んだものを他者に伝える場合でも、全体の見通しの中で個々の要素の意味が把握されており、学習や訓練の繰り返しによって会得された要素が少しずつ蓄積されていくことが肝要である。これに対し、ジャンケレヴィッチによれば、死は瞬間か、あるいは、時間を超越しており、したがって、全体を見通すことができず、予行もできず、また、死の中に学ぶことに適した個別の要素が含まれているわけではないとされる。

このようなジャンケレヴィッチの主張は、特別に death education を意識してなされたものではない。しかし、彼によれば元来より死は「学習」の対象とはならないとされる。つまり、死は習得しうるものではなく、それゆえ、習得した知識や体験によってその「準備」をすることもできないとされる。同時に、彼の主張の中には、習得しえた何らかの内容を他者へ伝達することもできないことも含まれている。もし彼の主張が正しいとすれば、死の知が「教育」としてより多くの他者に伝播されてゆくことを意図する「死への準備教育」にとっては致命的なこととなる。

2・2・4　死は生にとって有意義なことか

もう少し、ジャンケレヴィッチを辿ってみたい。彼によれば、死が生の時間に与える意義や価値といった死がもつわれわれにとっての肯定的な側面も徹底的に否定されてしまう。彼は次のように述べる「死の非本質と非実存においては、すべてが絶望、落胆、落下だ。要するに、生の底にある死は、根拠ないしは基礎というようなものの正反対だ。死の深みは非意味の深みだ。（中略）意味にみたされた深みであるどころか、死の深みは空虚な深みだ。実存の意味と本質とが、同時に破滅させられている。死は生の原理ではない。つまり、死は生の根拠でも、時間上の源でもない」[13]。このように、彼は死という存在が生に何らの意義も付与しないことを徹底して語る。さらにその上、彼によればわれわれの死は、生の意義を簒奪するものであるとさえされる。彼は次のように言う。「生の終焉は、残念なことに、生の目標ではなかった。まるでそんなどころではない。むしろ逆が真実だ。生の終焉は、生の目的を否認する。（中略）《生きる理由》が生にその価値を与えるように存在にその価値を与えるこれらの存在理由を、非存在がわれわれから取り去ってしまう」[14]。このように彼にとっては、死の中から肯定的な要素を汲み出そうとするこれまでのあらゆる努力が、彼の言葉を借りれば、「ごまかし」もしくは「見せかけの安心」とみなされてしまう。

それならば、「死があるからこそ生に意義をもたらす」とする「死への準備教育」を支える重要なテーゼも、ジャンケレヴィッチの主張に従う限り虚しい努力に過ぎないことになる。仮にそうだとすれば、このようなテーゼは、死の本質とは無関係な、せいぜい死に対する人々の恐怖や不安を緩和するために考案された、心理的苦痛に対する防衛の術の一つに過ぎないことにされてしまう。ところで、以前の小節に記した「死への準備教育」における目的の中には、〃極端な死への恐怖を和らげる〃ことが謳われていた。このことは、デーケンがたとえ死に対して恐怖心をもつものがいたとしても、その恐怖心には一定の上限があってしかるべきであると考えていたことを示すものである。しかし、恐怖心に上限や下限がありうるのは、恐怖をもつ対象が経験的世界の中にある事象であるときであろう。しかるに、死は経験的世界の事象を越え出た、それ以上の事実である。ひょっとすると、生に削られた死の裂け目が底なしであるとすれば、それに対応する恐怖も底なしであるとするのも不自然ではないと考える人々がいるかもしれない。たしかに、誰にとっても死にそのような恐怖が伴うことは望む所ではないが、少なくともデーケンが考えるような〃適度な恐怖〃というものがありえるのかはまるで定かでない。そもそも、恐怖や不安といった感情は本来的に経験的世界の事象に向けられるものであり、経験的世界からはみ出した事象としての死は、始めから恐怖や不安と接点をもたないものかもしれない。

このように、死の本質について語ろうとするとき、いまだ定かではないことが多過ぎることをわれわれは目の当たりにする。実際に、死は知ることもできず生に何の意義も与えないというジャンケレヴィッチの主張に対して、われわれは即座に反論をすることができないように思われる。もちろん、心理的なレベルにおいては、死を知ることによって残された時間の大切さやありがたさを深く実感するということは、十分に理解できることであり、また、実際に生起しうることであろう。しかし、ここで問題となっているのは存在論的なレベルにおける死の本質であり、このような議論はまだ人類の思考の開始点にあるに過ぎない。[15][16][17] しかし、それでも「死への準備教育」はすでに発進しており、すでに数十年の歴史をもつ。その理由は明らかである。それは、われわれの叡智が死そのものを捉えることができる日を待たずに、今日も明日もこの世を去りゆく人々がいるというまぎれもない事実があるからである。ただし、本小論が主張したいのは次のことである。それは、われわれが死の隅々を知りえたつもりでいても、その知は死の核心ではなく、おそらくそれは死の周辺部に浮遊する何事かであろうということである。死の核心は、いまだわれわれの知の彼岸にある。

それにもかかわらず、もしも自らは死の全容を知りえたものと考え、そのことによって、あたかも「死を乗り越えた」、あるいは、「死を征服した」とする心理的な境地に達する人々がいたとすれば、それは明らかに錯覚と呼ぶしかない。錯覚はあくまでも錯覚に過ぎず、いつかその綻びから、予想もしなかった死の核心の片鱗が姿を現わす可能性がある。あるいは、死の全てを知りえたとする思い違いは、死の本質がもつ存在論的な脅威を人々に見せないようにする、いわば目隠しとして機能するかもしれない。これは、「死への準備教育」が掲げる死に関わるあらゆる知を得ようとする目標からするといかにも逆説的に見えるが、このとき「死への準備教育」は、現代におけるもっとも洗練された死に対する目隠しのシステムとして機能しているかもしれないのである。しかし、そこには明らかに危険が潜むことは言うまでもない。なぜなら、その死に対する目隠しが不用意にでもはずされたときには、死の断端が示す鋭さが人々を驚愕させることになるかもしれないからである。次の節では、その断端の一つとなる死の絶対的な孤独をテーマとする。

2・3 「スピリチュアルケア」への疑問

2・3・1 本邦における「スピリチュアルケア」の現況

終末期にある人々に対するスピリチュアルケアが早くから組織的に実践されたイギリスや米国を始め、国外ではスピリチュアルケアは当初からチャプレンなどの宗教者がその任にあたってきた。すなわち、これらの国では文字通り超越者である神との関わりを旨とする宗教的教義を用いたパストラルケアが、スピリチュアルケアの主要部分をなしてきた歴史的経緯がある。実際に、欧米のほとんどの国における終末期医療の専門施設には、専従の宗教者が常駐しており、さらに状況に応じて、個々人が信奉する宗派の教会から宗教者が定期的に派遣される体制が整えられている。

一方、本邦におけるスピリチュアルケアの現状は、スピリチュアルケアと宗教的教義とが一体性をもちつつ実施されてきた諸外国の現状とは対照的である。本邦においては、緩和ケア専門施設でもスピリチュアルケアを担当するチャプレンなどの専従職が不在なことが少なくなく[18]、一般の医療機関にいたってはこういった専従職が皆無に等しいといった実態がある。また、終末期医療に対する宗教的介入の是非に関しても、必ずしも一致した意見があるわけではない。すなわち、スピリチュアルケアにあたって宗教的教義を積極的に呈示するべきという意見もあるが[19][20][21]、一方で、できる限りそういった教義は患者の前面に出すべきではないという意見もあり、[22][23][24]統一的な見解はいまだ得られていない。これには、既存宗教の布教にあたることに対する宗教家自身の躊躇や、現代社会における本邦での宗教性の特徴に由来して個人の死生観と宗教的教義との間に少なからず距離が存在することなどが、複雑に関連していると思われる。

このような事情があって、本邦における終末期医療の現場では、チャプレン以外の医療従事者がスピリチュアルケアにあたることになる。すなわち、主治医、精神科医師、臨床心理士、ソーシャルワーカー、看護師などの多様な職種がチーム医療として、臨死期にある人々がもつスピリチュアルペインへの対応にあたることになる。あるいは、人生の最期を自宅で迎えようと在宅医療を希望する人々に対しては、医師や看護師などが定期的に自宅を訪問したときに、身体の治療やケアと一緒にスピリチュアルペインへの対処にあたることになる。このようなスピリチュアルケアの実践は、施設や地域によって活動に濃淡はあるが、医療職だけでなく家族やボランティアが一体となって関与をしている場合もある。

2・3・2　スピリチュアルな領域とは何か

今ここで、治癒の見込みのない進行ガンによって自身の余命が長くはないことを医師から告げられた人がいたとしよう。多くの場合、突如として死を宣告された人間には、自己の唯一性、世界、残された時間といった、まさしく存在論的な問題がのっぴきならない問題として顔を出すことになる。それまでは、そのような問題の片鱗にさえ気にも止めなかった人にも、あるいは、そのような問題の存在にかすかに気づいていたとしても日々の生活で直面する雑事の対処に追われてそういった問題への対峙には永遠の延期を決め込んでいた人にも、それらは容赦なく眼前に迫ってくる。しかも、少しも準備ができていないときに不意をつくように、そういった問題群が自分自身のこととして肉薄してくるのである。そして、さらなる困難は、そういった問題に対して自分なりの折り合いを付けるための時間は、たいていの場合にさほど残されていないのである。

もちろん、死を宣告された人々がさしあたって直面するのは、このような問題群よりも多くは現実的と言えるような問題である。たとえば、医師によって提案された治療を受け入れるかどうかといった問題や、幾つかある治療手段のどれを選択するかといった問題である。あるいは、死に至るまでの過程における家族、仕事、経済といったものに対する気がかりも重大な問題となる。さらには、ガン末期のガン性疼痛や、治療によって発生した副作用や原疾患に併発する副次的疾患の諸症状も問題となる。皮肉なことではあるが、これら現実の問題が存在するときには、先の存在論的な問題はひとまず脇に追いやられることになる。しかし、現実の問題がわずかばかり遠のいた時、人々は目隠しを外されたかのように、今度はその存在論的な問題に直面しなければならなくなる。たしかに、ことさら思弁的で饒舌な人でもないかぎり、大部分の人々はこのような問題に関して多くを語ることはない。しかし、多くの人々がそっと口にする[25]「死ぬのは怖い」という素朴な一言は、まさに存在論的な諸問題の本質を鋭く突いていると思われる。

ところで、スピリチュアルペインは「人間の魂や実存に関する苦痛」やこれに類する言葉で定義づけられることがこれまで多かったものの、意外なことではあるが、その内容が何を意味するかについての統一的な見解があるわけではない。[26][27][28] そのような中で、スピリチュアルケアについて記載された過去の国内外における文献のほぼ全体から、系統的レビューにもとづいてスピリチュアルペインの概念を統合化することを試みた仕事がある。[29] それによれば、スピリチュアルペインの名で呼ばれている対象には、必ずしも死を目前にした特定の状況に限らないものと、死に臨む特定の状況にのみ発生するものに二分され、とくに後者には、目的や希望のなさ、自己価値感の低下と自己同一性の喪失、コントロール感の喪失と不確実性、罪悪感、後悔、赦しと和解への欲求、怒りと不公平感、孤独と死・死後に対するおそれ、超越的なものとの関係が含まれるとされている。ただし、スピリチュアルペインは元来より他のペインとも相互に浸透し合う関係をもち、これら抽出されたスピリチュアルペインの中には、むしろ心理的ペインや社会的ペインに軸足を置くものも少なくない。また、最後に挙げた「超越的なものとの関係」は、すでに宗教的教義の枠組みの中にいることを前提とするものであり、現代の本邦においては対象となる人々は限られるかもしれない。

ただし、これらの中でも、とくに「孤独と死・死後に対するおそれ」などは、他のペインに還元されることはほとんどなく、前述の存在論的な問題とも重なり合う狭義のスピリチュアルペインとも呼ぶべきものと思われる。この狭義のスピリチュアルペインは、他のペインが実生活での問題と濃厚に関わりをもちながら発生するのとは対照的に、実生活との接続をほとんどもたない水準にペインの発生場所をもつ。すなわち、そのスピリチュアルペインは、死を構成する様々な付属物をすべて剥ぎ取ったあとに残る、代替が不能な唯一の自分が只一人で存在から非在へ化し、その後その非在が永遠に続くという、死の核心をなす部分に関わるペインである。この死の核心をなす事態がやがて自身に起こるであろうという未来の先取りは、リアリティの感触にそれぞれ差はあるとしても、臨死期にある人々の多くが体験しうる恐怖と戦慄を含む孤独感を惹起することになる。

2・3・3　ただ一人で逝くことの痛み――死の絶対的な孤独

われわれはここにおいて、人々の孤独を「相対的な孤独」と「絶対的な孤独」とに区別したい。最初に、臨死期にある人々の相対的な孤独とは、病気に由来する生活の変化などにより、以前からもっていた他者や社会との関係のいくつかについて、それを無くしたり、希薄になったことへの孤独感である。あるいは、自身の悩みや苦痛が他者に十分に理解してもらえないことの孤独感である。ただし、このような相対的な孤独に対しては、緩和ケアに携わる医療チームによってスピリチュアルケアとしての何らかの対策を講じうる余地が残されている。たとえば、ソーシャルワーカーが、周囲との関係の不備を改善したり、なくした関係に替わる新たな関係を再構築したりできるかもしれない。また、精神科医師が、その人が完全に関係性を喪失したと信じているものの中に、まだ残されている関係性を明確化させたりできるかもしれない。さらに、臨床心理士が、悩みや苦痛に対して理解や共感の態度を示すことで、その人の孤独感を軽減することができるかもしれない。このようにわれわれが、スピリチュアルケアとしての何らかの具体的な方策をもちうるのは、一般にスピリチュアルペインが人々の実生活に関連するような内容であったときに共通することであろう。すなわち、人々の相対的な孤独に対しては、既存のスピリチュアルケアによっても、その実生活に関わる何某かをケアのための手がかりに使用し、死を目前にした人々がもつ孤独を緩和することもできるのである。

しかし、これから述べる絶対的な孤独は、人々の前に立ちはだかる死の核心に関わる孤独であり、今述べたようなケアの方策がすぐには立案できない特有な領域にある。すなわち、死に逝く人においては死の刹那に自身の比類のない唯一性が消失するという事態を、この世界の中にあってただ一人で引き受けなければならず、その刹那に決して同伴者がいないことを本人は気づいているのである。この「ただ一人」が、本人に耐え難い絶対的な孤独をもたらすことになる。たとえ、自身の最期が多数の家族や知己に囲まれたものであろうとしても、此岸から彼岸への渡河は常に一人の仕事となる。死生観において彼岸が存在すると信じる者にとっても存在しないと信じる者にとっても、此岸を離れようとするときには必ずただ一人であることを本人は充分に承知しているのである。いかに老獪な人生の達人であっても、経験的世界の原理とは無縁な死に関わる原理への移行は未曾有の体験である。しかし、いくら心もとない渡河であろうとも同伴する者はいない。臨死期にある人々は、周囲の誰もが今しがた述べた意味では同伴者たりえないことを心底から知るがゆえに、死を前にしてすでに絶対的な孤独の中にある。言い方を変えれば、相対的な孤独がしばしば心理的な水準での孤独感であるのに対し、この絶対的な孤独は一人称としての死がもたらす存在論的な水準での孤独である。

たしかに、死に逝く人と終日共に過ごすこともない限り、一見すると死期が近づいても悠然として死への覚悟がとっくにできているように見える人々や、迫りつつある自己の死を瞥見することもないように見える人々がいる。しかし、実際には、死の瞬間にそれまで自己と他者とで共有していた世界の価値体系からただ一人で離脱するという存在論的な危機を、いずれの人々でもうっすらと察知しているものと思われる。だからこそ、臨死期にある人が「死ぬのは怖い」と発するとき、あるいはそれに類した言葉を口にするとき、その言葉が他のどのような死の哲学にもまして存在の深淵につきささるような死への鋭い直観を含むことを、聞いた者はすぐにも感じとるのである。こういった言葉は、臨死期にある人の傍らに長くいた者だけが、当人が寡黙な中で小さく発するのを耳にすることが多いが、この言葉は、その人のスピリチュアルペインの中核をなす絶対的な孤独を如実に物語っていることはまちがいない。

さらに、ときには相対的な孤独が絶対的な孤独へと人々をいざなう場合があるかもしれない。なぜなら、人々は自分一人だけがまわりの人々とは違って死を待つという〝境遇をもつ〟ことに、言わばソーシャルペインとしての孤独を抱くことが少なくない。たしかに、これがどれほど強い孤独であったとしても、この段階ではいまだ相対的な孤独感であろう。しかし、このようなときに「何故に自分は死へと向かわなければいけないのだろう」という自問が発せられることがある。このようなとき、こういった問には次の二つの異質な水準の問が隠されている。一つ目の問は、「だいぶ年老いたから」、「不摂生な生活をしてきたから」、「癌の検診を受けなかったから」といった、何故という問に対して理由の終結点を捜しえる水準の問である。二つ目の問は、今しがた述べたような経験世界の理由をもっては死という超越性が最後まで説明されることのない水準の問であり、それは自身にせまった死の理由を突き抜けて、もはや「何故に人間には死が伴うのか」という、われわれにとって普遍的な問にまで到達してしまう。このとき、人々は経験的世界の合理性に自身の死に関する根拠を求めたつもりが、そのような合理性が支配しない超越的な領域に答を求めていることになる。

このように、ともすると死の接近は多くの人々をしてはからずも一人の哲学者にさせるが、一方で、先にも述べたように臨死期の人々ではこのような存在論的な問に対して本人が満足するような答えを出すだけの十分な時間が残されてない。結局、多くの人々において自身の死の根拠にまつわる問は宙に浮くことになろう。さらに、前述のような存在論的な問の水準を含みつつ「何故に自分は死に向かうのか」と自問するような人々では、疾病という経験的世界の秩序が死という超越的な世界の秩序にまで侵蝕することの不条理に対して、ことさら敏感であることも少なくない。この不条理を直接触れたときの感覚は、スピリチュアルペインの主要な部分を占めるただ一人で死ぬことの絶対的な孤独を、一層に先鋭化させる可能性が出てくる。そして、このときの孤独のほとんどが存在論的な層にあるが故に、人々の実生活やそれに係わる心理的事象を糸口にしてスピリチュアルペインを緩和しようとする試みは、ここにきて隘路に入り込むことになる。

2・4 「死の形而上学」への助走

元来、「死への準備教育」と「スピリチュアルケア」は相互に他方を促進し合うような関係にあることから、それらの対象となる人々がとくに異なる必要はない。ときには、ある個人が同時期に「死への準備教育」と「スピリチュアルケア」の両方に初めて出会うこともあるだろう。ただし、多くの場合では、前者には死期がまだ決定していない時期に、そして、後者には死期がほぼ決定している時期に、初めて出会うことになるだろう。当然ながら、これら二つがこれまでの医療システムに対して、死への配慮を含んだ全人的医療の原理を持ち込んだことや、個々人のレベルにおいても、臨死期に経験する苦痛を軽減させることに果たした一定の役割などは、正当に評価されるべきものであろう。

しかし、これまで見てきたように、「死への準備教育」と「スピリチュアルケア」の両者は、死の核心への接近はなされていないという決定的な特徴を共有している。すなわち、死という中心のまわりを周回する衛星のように、そのつど距離は異なるものの、中心からだいぶ離れた軌道をいつまでも周回するだけである。たしかに、周回することで、死を様々なパースペクティブから眺めることはできるかもしれない。しかし、眺めるだけで、決して死そのものを手で触ることはないはずである。

もう周回は十分にしたはずである。そろそろ、われわれは中心への接近と着陸を試みてもよいのではなかろうか。今、死を自己の消失として捉えようとすれば、消失する個体とは何か、個体の同一性とは何か、個体と世界との関係はどのようなものかといった、古来より人類が形而上学における問題群としていたものと、死の核心はぴったりと密着していることがわかる。したがって、死への接近の第一歩として、われわれは「死の形而上学」に足を踏み入れることが必要となろう。それを避け続ける限りは、われわれは永遠に死の周辺を周回するにとどまるであろう。もちろん、そこでの目標はあくまで死の核心に触れることにあり、死の不安や恐怖を取り除くことは埒外の仕事である。したがって、もしもそこで見た死の光景が、死が不安や恐怖とは無縁なものであることを示していたとしても、それはあくまで副次的な産物にすぎないことになる。

本章の筆者としては、本書の第6章において、死を自分が非在となる可能世界と捉えて、そのような可能世界と生ある自分がいる現実世界の関係を問いたい。ちなみに、可能世界は現代哲学の可能世界意味論に由来する概念であるが、その問のなかで非在となる死者の存在資格や、現実世界からの死者への指示可能性について議論を進める予定である。当然ながら、そこでは個体、同一性、世界といった形而上学での問題群が重要なテーマとなる。たしかに、死はわれわれの接近を寄せ付けない場所にあるとする意見があるかもしれない。ことによると、知による死への接近自体が無謀であるという意見もあるかもしれない。しかし、そういった無謀を躊躇せずに行うことによってこそ、死に関するわれわれの思考は次のステップに進むことができると信じる。

付記

本章は、「『死への準備教育』がかかえる問題点――われわれは死を知ることが可能なのか」『秋田大学大学院医学系研究科保健学専攻紀要』23-1、二〇一五年、四五-五一頁と、「精神科医療からの終末期スピリチュアルケア試論――患者の絶対的孤独と『いま』の共有による同胞関係」『臨床精神病理』36、二〇一五年、二六三-二七四頁として以前に発表した小論を元に、新たに加筆・修正をして全面的に書き改めたものである。

参考文献

[1]デーケン、A「死への準備教育の意義」、デーケン、A、メヂカルフレンド社編集部編『死を教える』〈叢書〉死への準備教育・第一巻）メヂカルフレンド社、一九八六年、六−四五頁（本著者による若干の改変と省略があり）。
[2]前掲書、二頁。
[3]平山正実、デーケン、A『身近な死の経験に学ぶ』春秋社、一九八六年。
[4]大町公「死への準備教育――特に大学生に対して」『奈良大学紀要』20、一九九一年、一三−二一頁。
[5]山崎亮「死はいかにして教えられるのか――『死への準備教育』を考える」『福祉文化』1、二〇〇一年、四七−六〇頁。
[6]パスカル『パンセ1』（中公クラシックス）前田陽一・由木康訳、中央公論新社、二〇〇一年、一三二頁。
[7]田中仁彦『ラ・ロシュフコーと箴言』中公新書、一九八六年、二一六頁。
[8]Jankélévitch, V. *La Mort*, Flammarion, 1966. 邦訳、V・ジャンケレヴィッチ『死』仲澤紀雄訳、みすず書房、一九七七年、六四頁。
[9]前掲書。
[10]Jankélévitch, V. *Penser la mort? Entretiens*, recueil établi par F. Schwab, Liana Levi, 1994. 邦訳、V・ジャンケレヴィッチ『死とはなにか』（F・シュワッブ編）原章二訳、青弓社、一九九五年。
[11]前掲書[8]、邦訳、三三頁。
[12]前掲書[8]、邦訳、二九六頁。
[13]前掲書[8]、邦訳、七四頁。
[14]前掲書[8]、邦訳、七五頁。
[15]Silverstein, H. S. "The Evil of Death", *Journal of Philosophy* 77: 401-424, 1980.
[16]Yourgrau, P. "The Dead", *Journal of Philosophy* 86 :84-101, 1987. 邦訳、P・ユールグラウ「死者」村上祐子訳、

『現代思想――可能世界／固有名』青土社、一九九五年、一九三―二〇八頁。
[17]新山喜嗣「自分の死と他者の死は誰に関わることか――死の形而上学へのカプグラ症候群からの問いかけ」『生命倫理』17、二〇〇七年、八二―九二頁。
[18]ヴァルデマール・キッペス『スピリチュアルケア』サンパウロ、二〇一〇年。
[19]菊井和子・山口三重子・田村恵子「わが国の緩和ケア病棟におけるスピリチュアルケア提供者の現状と課題――宗教者の関与に視点を当てて」『死の臨床』29、二〇〇六年、八三―八八頁。
[20]義平雅夫「スピリチュアルケアとチャプレンの働き――宗教性・超越性に着目して」、窪寺俊之・平林孝裕編著『続・スピリチュアルケアを語る――医療・看護・福祉への新しい視点』関西学院大学出版会、二〇〇九年、九九―一一〇頁。
[21]打本弘裕「医療臨床における僧侶の役割についての一試論」『印度学佛教学研究』58、二〇〇九年、一四一―一九頁。
[22]窪寺俊之『スピリチュアルケア学序説』三輪書店、二〇〇四年。
[23]谷山洋三「スピリチュアルケアの構造」、窪寺俊之・平林孝裕編著『続・スピリチュアルケアを語る――医療・看護・福祉への新しい視点』関西学院大学出版会、二〇〇九年、八二―八六頁。
[24]内村公義「スピリチュアルケア試論――死生学からスピリチュアルケア学へ」『長崎ウエスレヤン大学現代社会学部紀要』7、二〇〇九年、六九―八〇頁。
[25]Solomon, S. and Lawlor K., "Death Anxiety: The Challenge and the Promise of Whole Person Care." In: *Whole Person Care: A New Paradigm for the 21st Century*, Hutchinson T. A. (ed.), New York: Springer, 2011, pp. 97-108.
[26]Muldoon M. and King N. "Spirituality, health care, and bioethics." *Journal of Religion and Health* 34: 329-349, 1995.
[27]高橋恵・原昌子・下稲葉かおり他「ホスピスにおけるスピリチュアルペインとケアの実態」『死の臨床』19、一九九六年、五三―五六頁。
[28]McClain C.S., Rosenfeld B. and Breitbart W. "Effect of spiritual well-being on end-of-life despair in terminally-ill

cancer patients." *Lancet* 361: 1603-1607, 2003.
[29]森田達也・鄭陽・井上聡他「終末期がん患者の霊的・実存的苦痛に対するケア――系統的レビューにもとづく統合化」『緩和医療学』3、四四四-四五六頁。

第3章

他界体験と仮想現実

蛭川　立

3・1　一人称の死

地球上では毎日一五万人が死んでいる。しかし「昨日も一五万人が死亡」などと報じられることはない。なによりも、そうした死のほぼすべてが「私（たち）」とは無関係な「三人称の死」だからであり、特別な事件性がないかぎりは、このような死は社会から隠されている。いっぽう、特別な事件をテーマにした「ミステリー」と呼ばれる小説やドラマでは、たいがい最初に人が殺されて、殺した人と殺した方法が明かされたところで問題は解決されたことになる。このような「死」は、隠蔽されているどころか、娯楽として大量消費されており、それが不謹慎ともされない。しかし、どんな名探偵も、最大の「ミステリー」である「死」という謎を解き明かしてはくれない。

人間は必ず死ぬ。だから身近な人も必ず死ぬ。これが「二人称の死」である。そして自分自身も必ず死ぬ。これが「一人称の死」、つまり「私の死」である。「私」が毎日死んでいる一五万人のうちの一人になるのは、来月のことかもしれないし、来年のことかもしれない。遅くてもたかだか数十年後である。ホモ・サピエンスはいずれ絶滅するし、最終的には生物も恒星も銀河も消滅する。しかしそれは三人称的、客観的世界のことであり、あるいは何億年も何兆年も未来のことである。それよりも桁違いに早い時期に一人称の死は訪れる。それは物理的世界の終焉ではなく、いま知覚されている「この世界」すべての終焉である。

この「死」というものを切実な問題として論じるために登場したのが「死生学」である。しかし、いわゆる死生学においては、新山が第2章でデーケンの「死への準備教育」の目標を列挙しているとおり、一人称の死と二人称の死の区別が曖昧であり、どちらかといえば二人称の死に重点が置かれている。二人称の死が深刻なテーマであることは間違いない。しかし、三人称の死と二人称の死が連続した現象であるのに対し、それらと一人称の死は、質的に異なる現象である。

もちろん、およそ一人称の死について語ろうとするなら、つまるところ、自分で死ぬしかない。しかも、死んだ時点で、それについて語ることはできなくなってしまう。これはパラドックスである。ウィトゲンシュタインが「人は死を経験しない」[1]と書いた所以である。もっとも、死ぬ前、生きているときであったとしても、自己の主観的体験を他者と共有することは、原理的に不可能である。これは、「私の死」だけでなく、つねに一人称的世界を論じようとするときの限界である。こうした議論は、煎じ詰めれば独我論という毒牙へと収束してしまう。独我「論」ではなく「独我」である。というのは、「独我」の世界には、論じる相手もいないからである。以下の議論では、一人称的世界を論じようとしているのだが、独我論を徹底すれば何も語れなくなってしまうし、といって語ろうとすれば、どうしても二人称的、三人称的な語りを手がかりにするしかないという曖昧さが生じてしまうのもまた事実である。

3・2　肉体の死と精神の死

次に、もう一つの混同について言及しておきたい。それは、肉体の死と精神の死、物質的存在としての死と「私」の死の混同である。あるいは「私」と物質的な身体、とくに脳という器官を素朴に同一視してしまう錯誤である。

仮に肉体の死後も意識が幽霊のような「身体」に宿って存続するのであれば、「私」はまだ生きており、死んだわけではない。怪談の中では、しばしば幽霊が生者を襲って殺そうとする。もし肉体の死後も意識がこの世界で幽霊のように生きられるのであれば、殺されても幽霊のように生きられるのだから、死はさほど怖いものではない。もし肉体の死とともに意識も消えるなら、目の前に現れた幽霊は幻覚にすぎないということになる。幻覚に殺されるほどの恐怖に襲われるのなら、精神科に行って適切な治療を受けたほうがよいかもしれない。生者を幽霊と見間違ったのであれば、死んだ人間よりも生きている人間を怖がったほうがよい。

なお、肉体の死後も霊魂が存続するということと、霊魂が永遠であるということもまた別だということも、確認しておかなければならない。幽霊もまた事故死や老衰死するかもしれないからである。幽霊は死後、「ポスト幽霊」になるのかもしれないが、「ポスト幽霊」が死んで「ポスト・ポスト幽霊」になり……という繰り返しが「限りなく無限に近づく」可能性があることと、「無限である」ことは異なる。

むしろ、肉体が存続しているかどうかにかかわらず、意識が消失することのほうが、より「私の死」そのものである。植物状態とは、意識が回復せずに肉体だけが生き続けている状態である。もし死を身体の死ではなく、意識の死とする場合、いったん意識を失ってから意識を回復した場合、事後的に、記憶をはじめとする自己同一性が連続しているかどうかが問題になる。もっとも日常的に体験される意識の死は、睡眠である。そういう意味での「私の死」は毎晩起こっている。数十億人の人々が、毎日意識を失って幻覚を伴う意識喪失状態になり、これを一生のうちに数万回繰り返す。一生を九〇年とすれば、そのうちのおよそ三〇年をこの状態で過ごす。通常我々がそれを死だと考えないのは、同じ自己同一性を持った存在として、短い時間のうちに再生することが確実だと信じているからである。もっと短い時間で区切った場合、理論的には、「私」は一瞬一瞬死んでは生まれ変わっているのだとさえ仮定することもできるが、それもまた、記憶や身体が連続していれば同一性が保たれているということで、そうした問題提起はいったん保留できる。

以上のことを確認した上で、本稿ではまず、「死」を肉体の死と仮定し、その死後も「私」という意識は存続するのかという、より小さな問題から議論を始める。

3・3 臨死体験

一人称の死がどのようなものであるかを知るための有力な手がかりが、臨死体験である。臨死体験とは、死に瀕した人たちが回復した後に語る体験談のことである。典型的な臨死体験者は、自己が肉体から離れたような、そして平安の感覚、暗いトンネルを通り抜けた先にある、まばゆい光を体験する。ただし、臨死体験は、死の直前で引き返してきた人たちの体験であって、本当に死んでいった人の体験ではない。臨床的な指標からは死んだ状態から蘇生した人が語ったとされる臨死体験もあるが、死んだ状態というものを正確に判定するのは難しい。死につつある人が、いまどんな体験をしているのかを「実況中継」するものは「臨終時体験」と呼ばれる。

いずれにしても臨死体験者の多くは、自分たちは死後の世界を垣間見てきたと考える。そして「私の生」を中心とした死生観を大きく変容させる。死後の世界を身近に感じるようになり、また現世的な価値の中で成功しようという意欲を低下させる。人間、誰でも死にかければ人生観は変わるものかもしれないが、癌などの重病から回復した人たちと臨死体験者の死生観の変化を比較してみると、癌からの快復者は、そのことによって、より生き伸びることへの意欲を増大させるのに対して、臨死体験者はむしろ生と死を超えた視点から生きようとするという点が異なる。[2] とはいえ臨死体験者が積極的に自殺しようとするわけではないし、死後の世界を信じるようになった人々が殺人を肯定するようになるわけでもない。

臨死体験と似た体験は、生理的に死にかけなくても、一般に心身に強い負荷がかかることによって起こることも知られている。臨死体験の典型的な要素である体外離脱体験も、入眠時の睡眠麻痺（金縛り）など、瀕死の状態ではなくても、意識状態が変化するときに伴って起こる。もっと機械的な仕組みで、頭上のカメラで撮影した映像を両眼のゴーグルで見る装置を被るだけで死の恐怖が減少するという研究さえある[3]。視点が身体の外部に、三人称的な場所に置かれることで、自己中心的な世界の見方や、物質的な身体が死ぬということから一定の距離をとって認知されるようになると考えられる。

いずれにしても、臨死体験は、体験者という「他者」から聞き取った話であって、「私」の体験ではない。とはいえ「他人事」というわけでもないではない。死に瀕して生還した人の約三〇％が臨死体験を報告している。体験しても忘れただけだという可能性も考慮すると、あるいは死にゆく人の全員が通過する体験だという可能性も高い。すべての人が睡眠中に、九〇分おきに夢を見ているのにもかかわらず、目覚めたときに憶えていることは少ないのと同じである。

これまで臨死体験の研究は、死後の世界が実在する証拠か、脳が作り出している幻覚かという対立軸で議論されてきた。結論が出ないまま論争は行き詰まっているが、それは基本的な仮定に無自覚だからである。つまり、「あの世」はあるのか、と問うことは、「この世」はあるのか、と問うことと同型なのであり、そう問うとき「この世」、つまり眼前に展開する世界は実在するのか、という、古典的な問いかけに戻ってきてしまう。それが自覚されないまま、不毛な議論が続いてきたのである。

ここで単純に整理すると、「この世」と「あの世」が実在するか否かについて、四通りの組み合わせを考えることができる。（「実在しない」という立場には、積極的に実在を否定する立場と、実在するかしないかは判断しないという消極的な立場も含む。）

	「この世」	「あの世」
一	実在する	実在する
二	実在する	実在しない
三	実在しない	実在する
四	実在しない	実在しない

ここでは、「死後の世界は実在する説」が一に対応し、「臨死体験は幻覚説」が二に対応する。二つの立場は対立しているように見えて、どちらも「この世」の実在を素朴に仮定している点では共通している。この二つの立場を宗教と科学の対立とする皮相的な見方もあるようだが、「あの世」に対して「この世」は仮の世界であり、物質世界という仮構を超えることで真の実在に近づくのだといえば、むしろ三の立場のほうが、より宗教的であろう。さらに、あらゆる実在を認めないとする四の立場には一貫性があり、一の「死後の世界は実在する」説と根本から対立するものだが、これは古代インド哲学や、そこから派生した仏教思想においては一般的な立場である。

あらゆる実在については判断しないという立場は、初期仏教思想における「無記」の概念に対応する。現代物理学の基本となっている、科学哲学における道具主義・操作主義も同じ立場だといえる。とりわけ量子力学は、観測された現象以上のことは論じないという考えにもとづき、物質の実在性についての判断を保留している。ただし、そのことは素粒子レベルのミクロな世界で大きな問題になることであって、数メートルや数キログラムの世界では事実上、無視できる。

近代スピリチュアリズムが主張するような一の立場は、四と比較したとき、むしろ、もっとも実体論的、あるいは物質主義的な立場だといえる。しかし、この世とあの世がどちらも実在するのであれば、両者が同じ空間内でいかに共存しうるかという困難が生じる。臨死体験が脳の作り出した幻覚ではない証拠として、しばしば挙げられるのが、体外離脱体験における俯瞰現象である。瀕死の状態で手術台の上に横たわっていた臨死体験者が、後に、まるで天井から見おろしたかのように手術の状況を正確に語ったという証言が多数報告されている。「霊魂」が天井のあたりを浮遊していたというのである。しかし、この論法で「霊魂」のような実体がこの物理的時空の具体的な場所に存在してしまうとすると、肉体から離れた霊魂は天井に浮かんだ後、どこに行くのかという問題が生じる。雲の上にお花畑が実在するのだろうか。その矛盾を場当たり的に回避するためには、あの世は雲の上にあるとか、地下にあるとか、ふつうには見えない場所にあるのだとするしかない。そうではなく、あの世は心の中にあるのだとすれば、それはけっきょく二か四の立場になってしまう。

逆に、臨死体験中に脳の視覚野が活発に活動していることが示せても、それが、臨死体験は幻覚だということの証明にはならない。目の前に「実在」する物体を見ている人の視覚野が活発に活動していることが示せても、物理世界が幻覚であることが証明できないのと同じである。

3・5 輪廻転生の観念

輪廻転生の観念は、熱帯アフリカ、北米先住民からオーストラリア先住民まで広く世界各地に存在することから、数万年以上に遡る霊魂観だと考えられる。肉体の死後、霊魂は肉体を離れ、胎児に宿ってふたたび生まれてくるという観念である。

このような転生のプロセスは本当に経験されるのだろうか。ひとつの手がかりとして、子供が自分の「前世の記憶」を語るという現象がある。子供がそのようなことを語ること自体は事実である。子どもが語る「前世」について、その記憶の信憑性を確認する研究が行われている。前世とされる人物に関する情報を事前に得ていたのではないかという批判もあるが、逸話を事後的に検証する方法論では、厳密に確認するのは難しい。しかし、その真偽はさておき、死んでから再生するまでの中間状態の記憶が語られることがほとんどないことや、時間的前後関係を調べると、子どもが生まれた後で前世の人物が死んでいるという事例があることから、単純な転生の仮説を支持するのは難しい。

情報が物質的な空間を超えて共有されうる、いわゆるテレパシー現象については、ガンツフェルト実験などの統制された実験によって統計的に有意な結果が得られており、それが実験の誤りなのかどうかという議論が続いている。もしテレパシーのような情報の共有があれば、むしろ物質的な身体とは別個に「霊的な」身体のような実体を仮定する必要はなくなる（前述の二の立場）。ただし、もしテレパシー実験が統計的に有意ではあっても、そのメカニズムは不明だから理論的に認められないという立場もある。非局所的な情報の共有のメカニズムを量子エンタングルメントにもとめる考えもあるが、通常、量子エンタングルメントによっては情報もエネルギーも伝わらない。ジョセフソンは、生体には物理学とは異なるメカニズムがありうると示唆しているが、[4]スペキュレーションの域を出ない。いずれにせよ記憶のような情報が共有されることは、私という意識の流れが連続することの十分条件ではない。

3・6　一人称的「死への準備教育」

世界各地の文化的伝統の中にみられる転生の観念の中でも、とりわけ古代インド哲学や仏教思想において顕著なのは、永久に何度も生まれ変われるのをよしとせずに、むしろ二度と生まれ変わってこないことが目標とされる点である。それは上記の三または四の立場をとるからである。ヴェーダンタ哲学に代表される古代インド哲学主流派は、三の立場、つまり「あの世」のほうを本当の実在であるとするのに対し、初期仏教は「無記」や「無我」という四の立場をとろうとした。後の時代により密教化したチベット仏教は、輪廻の観念をより複雑に発展させた。もともと輪廻転生の観念の中で、死んでから再生するまでの中間状態のことが中有と呼ばれていた。チベット仏教ではこれを「死の瞬間」「存在本来の姿」「再生へ向かう迷いの状態」の三段階の中有に分ける。[5]さらに、生まれてから死ぬまでの間も「この世に生きる姿」という中有だとする。つまり、死んでから再生するまでの間も意識が作り出した幻影であると同時に、生まれてから死ぬまでの間もまた意識が作り出した幻影だというのである。ただし、死後、再生するまでに通過する「存在本来の姿」が実在にもっとも近い状態であり、それゆえ死後の「存在本来の姿」の状態で、他の中有の状態で体験されている世界が一種の仮想現実だということに気づけば、生と死の中間状態の繰り返しから解脱できるというのである。

チベット仏教では、これに加えて「禅定・瞑想」「夢」の二つも中有に加える。瞑想とは、死後、肉体の束縛を離れて「存在本来」の状態に入ったときに、この輪廻というサイクルから解脱するためのリハーサルである。「死の瞬間」には、眩い光が体験されるが、瞑想の体験がないまま「ぶっつけ本番」で死を迎えてしまうと、その眩さゆえに混乱し、存在本来の姿が何であるのかもわからないまま通りすぎ、けっきょくまた肉体を持って生まれ変わってきてしまう。だから事前に練習をしておかなければならないという理屈である。肉体は仮構であるから、それを実在だと錯覚してしまうと、何度輪廻しても「この世」という仮想現実から解脱できない。また瞑想の一種に、「夢（ミラム）のヨーガ」というものがある。これは、夢の中で「これは夢だ」と自覚する方法論である。現代の心理学の用語でいうところの明晰夢（自覚夢）である。明晰夢の訓練を積むことで、死後の夢のような状態で、これは夢のようなものだ、と自覚し、輪廻から解脱できるというのである。

言い換えれば、自ら瞑想を実践することは、一人称的な「死への準備教育」だということができる。西洋的な「死への準備教育」は、しばしばキリスト教的な色彩をおびるが、アジアの仏教はより一人称的な死にフォーカスした死への準備を強調してきたといえる。蓮如の『白骨』に「朝ニハ紅顔アリテ、夕ニハ白骨トナレル身ナリ」「人間ノハカナキ事ハ、老少不定ノサカヒナレハ、タレノ人モハヤク後生ノ一大事ヲ心ニカケテ、阿彌陀佛ヲフカクタノミマイラセテ、念佛マウスヘキモノナリ」[6]とあるのはつとに知られることだが、これはインドで形成された瞑想マニュアルである『観無量寿経』の思想を受け継いでいる。浄土信仰においては、生前、極楽浄土のイメージトレーニングを積んでおき、本番の死に備えるのだが、時間的、能力的に、どうしてもその練習ができないまま死を迎えてしまった場合、死の瞬間に阿弥陀（無限の光）という超越的存在の名を唱えれば良いとある。この部分が、日本の浄土信仰が貴族の文化から大衆化するプロセスの中で強調されていった。

一人称的な死の疑似体験として、瞑想や念仏より、さらに「効率的な」方法として、サイケデリックス（精神展開薬）の使用がある。サイケデリックスを含む薬草は主に中南米の先住民文化の伝統の中で、他界とコンタクトするために用いられてきた。ある意味で、中南米の呪術師たちのほうがアジアの瞑想者たちよりも即物的で合理的だともいえる。ＬＳＤやＤＭＴ、プシロシビンなど、主要なサイケデリックスは神経伝達物質であるセロトニン（５‐ＨＴ）とよく似た構造を持っており、じっさい、$5\text{-}HT_{2A}$受容体のアゴニストである。セロトニンとよく似た単純な分子の化学的な作用によって、わずか数時間で臨死体験や瞑想体験とよく似た体験が引き起こされる。

このことは、臨死体験もまたサイケデリックスの作用と同様の神経生理学的なプロセスと関係することを示唆している。しかも、セロトニンのような単純な神経伝達物質とよく似た単純な分子構造を持つ物質を摂取するだけで深遠な意識体験が引き起こされるということは、物質界を超越したような、深遠に感じられるような神秘体験が、単純な脳内の化学反応によって引き起こされることを示唆している。ただし「引き起こされる」という表現は不正確であり、だからといって神秘体験は脳が生み出した幻覚にすぎない、という説の証明にはならないことは、すでに議論したとおりである。

サイケデリック体験よりも臨死体験のほうが天国的な体験が多く、地獄的な体験が少ないこと、臨死体験のほうがより現実味が強く、忘却されにくいことなどから、臨死体験はサイケデリック体験のような生化学的な反応には還元できないという考えもあるが、いっぽうでサイケデリック体験では臨死体験よりも、より抽象的な「死」に近い体験が起こることもある。ときには意識が保たれたまま、自己が消滅する。主観的な時間が消滅するとき、その状態では現在しか存在しない。あるいは現在が永遠である。外部と分節された「私」や、矢のように流れる時間軸状で生まれては消えていく「私」という概念が意味を失う。一人称的、主観的な時間と三人称的、客観的な時間の対応関係がなくなる。時間の対応関係がなくなるので、時間の前後関係も意味を失う。だから死「後」の世界という議論も意味を失ってしまう。といっても意識を失っているわけではない。その状況を客観的に観察している、上位の階層の意識は失われることなく、体験が終わった後も体験の内容を思い出すことができる。

チベット仏教は、死から再生に至るまでの過程を「死の瞬間」「存在本来の姿」「再生へ向かう迷いの状態」に分類しているが、「前世の記憶」研究がたとえ間違いではなかったとしても、死んでから再生するまでの間の記憶が報告されることがほとんどないことからして、これらの三段階は、すべて死の瞬間に体験されると考えることもできる。仮にそうだとすると、脳が機能を停止する直前に臨死体験が引き起こされるのだという説とも矛盾しない。

自分自身が死に近い体験をすることで、その体験から学ぶことは大きい。それはまた、二人称の死を扱う死生学を学ぶ者にとっても大いに役立つだろう。もし先に紹介したチベット仏教や浄土教の方法論に従うのであれば、一人称的「死への準備教育」においては、集中的な瞑想や念仏のトレーニングが必要になるだろう。そうした宗教的な修行が大がかりで不合理だというのであれば、より「科学的」で合理的な方法として、死生学のカリキュラムの中にサイケデリックスの服用実習を組み込むことさえも考えられる。ただし、我々の社会はまだそのような体験に適切に対処できる方法論を持ち合わせていない。

3・7　不死テクノロジー

前節のような、つまり四の立場には、それなりの一貫性があるが、しかし、近代化された社会に生きる多くの人々には受け入れられていない。瞑想やサイケデリック体験が、一人称的な「死への準備教育」として捉えられることは少ないし、それを自ら実践している人も、さらに少数である。

同様に一や三の立場も受け入れられないのであれば、（そして四の立場が自覚されないのであれば、）二の立場、つまり「この世は実在し」「あの世は実在しない」という立場から、死に向き合わなければならない。その延長線上には、必然的に、物質的身体を物理的時間の中で永遠に保つという意味での不死が存在する。

現代の物質主義的社会では死の受容が行われていないとされることもあるが、老衰死は受容されている。医学は病気を治すことは目標としているが、老衰自体を克服しようとはしていない。いわゆるアンチエイジングも、健康寿命を延ばそうとしているだけで、不老不死を目指しているわけではない。むしろ死はなぜ二の立場と併存して受容されているのかということが問われなければならない。たとえば以下のような答えが考えられる。人間が老いて死ぬことは自然の摂理であり、それに反してはいけない。あるいは、生きることはそれほど楽しいことではないのだから、無理に長生きしたくはない。また、家族や友人がいなくなった世界で生き続ける積極的意味はない、といった答えもあるだろう。

これらの答えが誤りだと示すことはできないが、楽天的な立場からの反論はいくらでも考えることはできる。老いて死ぬことが自然であるなら、病んで死ぬこともまた自然なのだから、病を克服する必要はないのだろうか。生きることが楽しくないのであれば、もっと楽しくすれば良いのではないか。家族や友人がいなくなったとしても、また新しく家族や友人を作ればよいのではないか。

老化は、熱力学の第二法則によるエントロピーの増大という自然の摂理に従う受動的な現象ではない。そもそも、太陽のような恒星の近傍では、むしろエントロピーは減少し続けてきたし、だから生物は複雑に進化してきたのである。数十億年にわたって生物が進化してきたということは、細胞とそれに含まれる遺伝情報が基本的に不死であることを示している。ＤＮＡ分子は複製されて半永久的に生き続けていく。老衰死は有性生殖を行う多細胞生物に特異的に組み込まれた自己破壊プログラムである。人間は死ぬから子孫を残すのではなく、子孫を残すために死ぬのである。逆説的なことに、類似した生物でも温暖な環境に生息する種のほうが寿命が短い。生物の個体は進化のために積極的に寿命を縮めているのである。この、老化して寿命を縮めるプログラムに技術的に介入することは原理的に可能である。

人間の身体を設計しているDNAの遺伝情報が、巨費を投じてすべて解読されたのが西暦二〇〇〇年のことである。その後、ゲノム解読にかかる費用は急速に低下してきた。二〇〇七年には、カリフォルニアの23andMe《トゥエンティスリー・アンド・ミー》社が、個人向けに、全DNAの三〇億塩基対のうち、個人差のある一〇〇万塩基対（SNPs）に限って読み取るサービスを始めた。[7] 解析にかかるコストは約二万円である。WEB上で解析を申し込むと、試験管の入った小箱が送られてくる。これに一ミリリットルの唾液を入れて返送すると、細胞に含まれるDNAの遺伝情報が分析され、一か月ほどで結果が戻ってくる。WEB上から一〇〇万塩基対のSNPsの情報がダウンロードできるが、これはテキストファイルにして一メガバイトである。ヒトとチンパンジーの遺伝情報は一％異なるが、ヒトの種内変異は〇・一％である。「私」の身体という個性の情報量は、わずか一メガバイトなのである。

個人向けの遺伝子解析サービスは、一般には健康診断の一種として理解されている。癌など、遺伝的な素因の強い病気への罹りやすさを知って、食生活の改善などによって事前に予防したり、あるいはオプションで祖先の系統を知ることもできる。サービスを提供する会社のほうでは、多数の遺伝情報を集めることで、それを統計的な研究へと応用することができる。

しかし、不特定多数の遺伝子解析は、潜在的により重大な問題をはらんでいる。個々人のDNAは冷凍保存されるか、あるいは、デジタル化された塩基配列の情報はコンピュータ上に半永久的に保存され、いくらでも複製をつくることができる。任意の未来に、このデジタル化された遺伝情報をDNAに逆転写し、受精卵に組み込めばクローン人間を作ることができる。しかし、もし仮にDNAの塩基配列が「私」という個性をコードしていたとしても、そこから作られるクローン人間は「私」ではない。それは私と身体の構造が同じような他者である。私とは年齢が違うし、同じ記憶を持っているわけでもない。一卵性双生児が同一人物ではないのと同じことである。

クローン人間を作ってもそれは他者であって、それとは無関係に「私」は死ぬ。「私」という一人称的世界を、生物学的な死を超えて連続させるために、人体を冷凍保存して、将来的に蘇生させる、クライオニクスという技術が提唱されており、すでに遺体（正確には死の直前の身体だと主張されている）を百年間冷凍保存するサービスが商業的に運用されている。なぜ一〇〇年なのかというと、一〇〇年後には、凍った人体を蘇生させる技術ができているだろうという楽観的な予測のゆえにである。ただし、これにはまずコストの問題がある。たとえ一〇〇年と区切ったとしても、この冷凍保存の価格は五〇〇〇万円であり、より「お得な」脳だけの冷凍でも一〇〇〇万円かかる。日本でも「トランスライフ協会」が二〇一七年一月から人体冷凍保存サービスを開始している[8]。

クライオニクスには技術的な問題もある。初期のクライオニクスにおいては、近未来においてナノテクノロジーが進歩し、超小型のロボットが傷んだ細胞を修復し、冷凍保存された身体を復活させるというシナリオが想定されていた。しかし近年、クライオニクスを推進する側でも、より現実的な技術として、遺伝情報のデジタル化と同様に、脳の情報をデジタル化して、コンピュータに転移する技術に注目している。百年後には、そうした技術が実現している可能性が高いというわけである。じっさい、現時点ですでにコンピュータの記憶容量は人間を超えており、単位情報あたりの保存・処理コストも年々低下しつつある。すでにＡＩ（人工知能）はチェスや囲碁で名人に勝てるようになっている。

楽天的なロボット工学者モラヴェックは、『電脳生物たち』の中で、「心の転移」という技術の可能性について論じている。[9] 脳の情報を読み取ってコンピュータに転送し、しかも不要になった脳は捨ててしまうというのである。しかし、仮にそのような技術ができたとしても、過去の記憶も含め、機械に転移させられた情報群は「私」なのだろうか。脳が捨てられる場合、「私」は不死となるのだろうか。それとも「私」は死に、他者としてのクローン人間ができるだけなのだろうか。心臓が病気になったとき、他者の遺体から取り出した心臓を移植し、もとの心臓のほうは捨ててしまっても自己同一性は保たれると考えるが、脳が病気になったとき、他者の遺体（あるいは生きた身体）から取り出した脳を移植し、もとの脳のほうを捨ててしまうことは躊躇われる。

ＡＩについて議論がなされる場合も、死についての議論と同様、三つの人称が混同されるきらいがある。一人称的ＡＩ、二人称的ＡＩ、三人称的ＡＩの三種類は区別されなければならない。コンピュータが人間と同等か、それ以上の仕事をしてくれれば、それ以上は問わないとするのが三人称的ＡＩの立場である。『二〇〇一年宇宙の旅』に出てくるコンピュータ、ＨＡＬ９０００は、人間がシャットダウンしようとすると「きみは、わたしの心を破壊している」「存在しなくなってしまう」[10]と言って怖がる。それでも躊躇せずにシャットダウンするのが、三人称的ＡＩに対する態度である。そう言われてシャットダウンできないのが、二人称的ＡＩに対する態度である。しかし、二人称的ＡＩにおいては、ＡＩはあくまでも「他者」である。コンピュータか人間かを区別できない相手と対話をして、相手がコンピュータかどうかを区別できなければ、つまりチューリングテストをパスすることがＡＩの定義だとされるが、これは、あくまで二人称的ＡＩの定義である。

これに対し、もっとも狭義のＡＩは、一人称的ＡＩである。一人称的ＡＩは、どのようにして実現されるだろうか。それは、一人称的である以上、「私」には知ることができない。「私」がいつの間にかコンピュータと入れ替わっていて、自分でもそのことに気づかなかったとき、それが一人称的ＡＩの定義である。あまり論じられないことだが、人工知能技術にとって最大の問題は一人称的ＡＩである。コンピュータがチェスや囲碁で名人に勝ったかどうかは、たかだか三人称的、あるいは二人称的ＡＩの問題にすぎない。

モラヴェックが考えるような「心の転移」という技術はしかし、身体性がいかに担保されるかという問題に突き当たる。『電脳生物たち』の中では、古い身体は捨てられ、新しい「私」は、新品の「ピカピカの」身体に接続されるという設定になっているが、そこで経験されるに違いない身体的違和感についての言及がない。「私」が入れ替えられたことに気づかないためには、身体も含めた「私」の周囲を取り巻く環境も、いつの間にか仮想世界へと入れ替えられてしまう必要性がある。

3・8　仮想世界における「私の死」と「想起」

「私」という世界が仮想現実へと入れ替わってしまうという出来事は、未来に起こりうる空想科学的事態ではない。それは、すでに、徐々に、実現しつつある。というのは、我々はすでに液晶モニタが作り出す仮想世界の中で暮らし始めているからである。たとえば、大都市の電車に乗っている人間の半数は、電車の中にいながらスマートフォンのモニタの中にいる。モニタは二次元の平らな板であり、その表面で数百万個のピクセルが明滅しているだけなのだが、とりわけ大画面で動画に見入っているときには、モニタの背後に山河や都市や人間たちが実在するかのように錯覚している。平面的なモニタより、さらに没入感を強めるＶＲ（バーチャルリアリティ）用途のＨＭＤ（ヘッドマウントディスプレイ）は両眼に立体映像を映写する眼鏡型のゴーグルで、加速度センサーが搭載されているので、頭を上下左右に振ると上下左右の映像が見え、あたかも周囲に三六〇度の世界が広がっているように錯覚させられる。このＨＭＤを装着して、たとえばGoogle《グーグル》 Earth《アース》 ＶＲというプログラムを動かせば、あたかも地球上の任意の場所を歩いたり、その上空を飛んでいるかのような錯覚に没入できる。視覚と身体感覚など、モダリティの異なる感覚の間にクロスモーダル現象が起こるため、入力されているのが視覚情報だけでも、それに身体感覚も伴っているような錯覚も起こる。

日本の国立天文台三鷹で開発された４Ｄ２Ｕ／Mitaka for VRは、地球だけでなく［観測可能な］

全宇宙をVRとして再現するプログラムである。[11] また4D2Uのシステムは、Google Earth《グーグルアース》
VRとは違い、その内部の星々や、より小さな粒子の運動を、あたかもラプラスの魔のようにシミュレーションすることもできる。あくまでも理論的な可能性としてではあるが、このようなシミュレーションをより精密にして、かつ十分な時間をかければ、シミュレートされた宇宙は外部の宇宙とは異なる発展を遂げ、外部から造物主のように意図的に介入しなくても、そのシミュレーションの内部に知的な生命体が創発しうる。そして、その知的存在はまた、自分たちが住んでいる〔と錯覚している〕宇宙のシミュレーションプログラムを、その宇宙の内部で開発するかもしれない。シミュレートされた宇宙の内部にシミュレートされた宇宙が形成されるという無限の入れ子状構造を考えるとき、逆に、我々が住んでいる〔と錯覚している〕宇宙もまた、一つ上位の階層の宇宙で行われているコンピューター・シミュレーションだという理論的可能性は反証できない。

個人向けVR装置は現在のところ、たとえば襲いかかってくるゾンビと戦うなど、もっぱら娯楽用のゲームとして消費されている。しかし、VR技術自体は潜在的に我々に認識論的な問題を突きつけている。不格好なHMDを頭に被って右往左往している人物を外部、つまり階層が一つ上位の世界から見れば無知（avidyā）ゆえに惑う滑稽な人物として映るが、当事者は仮想空間の内部で迫り来るゾンビと戦っている。現行の個人向けVRにおける「私」という世界は、視野角一〇〇度ほどのぼんやりした円形の中に自分の両手だけが見えている状態で、その手に銃や剣を持つことができる。[12] ゾンビたちはその円形の視野の中に立ち現れる（渡辺による第1章の図1-2を参照）。すでに述べたように、頭を上下左右に動かすと、円形の視野が上下左右に追従する仕組みになっているので、全体としては周囲に三六〇度の世界が存在するように感じるが、やはりそれは錯覚である。

仮想世界における他者は、敵意を持って襲いかかってくるゾンビも、好意を持って誘惑してくる美女も、すべてピクセルの集合体にすぎないとみなせば、彼〔女〕らはすべて、意識を持たない「現象ゾンビ（phenomenal zombie）」[13]だということになる。ＨＡＬのスイッチを切るように、ゾンビだから撃ち殺すことを躊躇う必要はないのだろうか。ゾンビを撃ち殺すことを躊躇っていれば、たちまち「私」のほうがゾンビに襲われて殺されてしまう。もっとも、仮想空間内で死んでもゲームオーバーになるだけであり、今度こそクリアしようとゲームを再開すれば、また恐ろしいゾンビたちと戦うことになり、いわば死と転生を何度も繰り返すことになる。しかし、仮想美女と戯れ、うたかたの時に没入しているところで急に装置のバッテリが切れてしまえば、「私」という円形の世界は突然に消えて闇となる。その「私」の「死の瞬間」、ＨＭＤの隙間からは眩しい光が差し込み、外部に「存在本来の」世界があったことを想起（anamnēsis）させられることになる。仮想現実に没入していると、いつ起こるかもしれないバッテリ切れのことは忘れてしまいがちになってしまう。とはいえ、ＨＭＤを被って仮想世界に遊ぶことをやめてしまう必要はない。それは、臨死体験者が敢えて自殺をしないのと同じことである。仮想現実内で「これは仮想現実だ」と知ることができれば、無用にゾンビを恐れる必要もなくなるし、むしろ明晰夢のように、一つ上位の階層に昇り、そこで書かれたプログラムを修正することさえできる。それによって、仮想世界の中でよりクールなゲームに興じることができるのである。

古代の哲学によって論じられ、また仏教のような宗教思想として伝播した世界観は、前近代的な宗教的観念として、あるいは文献学的な研究対象としてしか顧みられなくなったきらいがある。しかし、物質技術が発展し、より抽象度の高い情報技術へと変容していくにしたがって、「私」という世界の実在性という普遍的な問いが形を変えて復活しつつある。先に議論したことは、たかだか娯楽用ゲームの喩えだが、そこで提起される認識論的問題は、今後数十年後以内に、きわめて切実な問いかけとなって我々に迫ってくるようになるだろう。

紙幅の都合上、このいささかまとまりを欠いた論考もエンディングにしなければならない。「水槽の脳」が仮想現実を夢見ているという設定で知られる映画『マトリックス』三部作の最終作『マトリックス・レボリューションズ』の、さらにエンド・クレジットの背後で流れるのはジュノ・リアクターの「ナヴラス」であり、その冒頭で歌われる「asato mā sad gamaya, tamaso mā jyotir gamaya, mṛtyor mā amṛtaṃ gamaya（仮想現実から現実へと導け。闇から光へと導け。死から不死へと導け）」[14]という一節は、前六世紀に著された『ブリハッド・アーラニヤカ・ウパニシャッド』からの引用である。

参考文献

［1］ウィトゲンシュタイン、L『論理哲学論考（ウィトゲンシュタイン全集1）』奥雅弘訳、大修館書店、一九七五年、一一七頁。

［2］岩崎美香「臨死体験による一人称の死生観の変容——日本人の臨死体験事例から」『トランスパーソナル心

理学／精神医学』13（1）、二〇一三年、九三一一一三頁。
［3］Bourdin, P. et al. "A virtual out-of-body experiences reduces fear of death," *PLoS One*, 2017: 1-19.
［4］ジョセフソン、B『科学は心霊現象をいかにとらえるか』茂木健一郎・竹内薫訳、徳間書店、一九九七年、九九頁。
［5］川崎信定訳『原典訳チベット死者の書』筑摩書房、一九九三年。
［6］蓮如「御文（77）」『蓮如・一向一揆（日本思想大系17）』笠原一男・井上鋭夫校注、岩波書店、一九七二年、二〇八－二〇九頁。
［7］http://www.23andme.com/
［8］http://www.translife.jp/
［9］モラヴェック、H『電脳生物たち──超AIによる文明の乗っ取り』野崎昭弘訳、岩波書店、一九九一年、一五九－一六一頁。
［10］クラーク、A・C『2001年宇宙の旅』伊藤典夫訳、早川書房、一九七七年、一八八頁。
［11］http://4d2u.nao.ac.jp/
［12］代表的な個人向けHMDである、Oculus RiftとTouchを装着したときに体験される映像である。
［13］チャーマーズ、D・J『意識する心』林一訳、白揚社、二〇〇一年、一二九頁。
［14］Olivelle,P. *The Early Upanishads: Annotated Text and Translation.* Oxford U.P., 1998, pp. 44-45.（「asato」を「仮想現実」とするのは蛭川による超訳である。）

Ⅱ　各論篇

——死と他者の形而上学

第4章

《他者》とは時間を異にした《私》なのか

現象学で幼少期の体験を解明して遠望される死生観

渡辺恒夫

4・1 はじめに

第1章でも述べたように、「死」を謎としてとらえるためには「私の死」を謎としてとらえなければならず、そのためには、私の存在を謎としてとらえなければならない。しかも、私はある時点でこの世に出現したのである以上、私の存在の謎とは、なぜ私はこの世に出現したのかの謎、私の誕生の謎でもある。また、私はある特定の人物（私に言わせれば「渡辺恒夫」）として出現している以上、この特定の人物以外の人々（他者）はどのような意味で存在しているのかという、「他者の謎」でもある。

ところで、発達心理学と臨床心理学の片隅で、それも目下、オランダと日本でのみ細々と続けられているテーマに、「幼少期の自我体験」の調査研究というものがある。[1] この幼少期の自我体験こそ、子どもが生まれて初めて「私の出現の謎」「他者の謎」に直面する体験なのである。私はかねて、幼少期の自我体験の不思議さと深さに魅せられて調査研究を続けてきたが、そのうち、このような主観的体験の研究には現象学こそふさわしいと気づき、フッサール現象学によるこの体験の解明を目指すにいたった。

それとともに、驚異の念とともに分かってきたことがある。それは、フッサール現象学による自我体験の解明が、「《他者》とは時間を異にした《私》である」という他者了解をひらくものであるということだった。しかもこの他者了解の解釈によっては、そこから、私たち東洋人にはなじみ深いある種の死生観が、暗示されてくるのではないだろうか。

まず、「自我体験」の実例をお目に賭けることから本章を始めよう。

4・1 幼少期の自我体験からの遥かなる出発

事例4―1（二〇歳／女性）

六歳か七歳くらいの頃、ある晴れた日の正午ちょっと前、二階の部屋にいて、窓からさしこむ日差しをぼーっと見ている時に、「私はどうして私なんだろう、私はどうしてここにいるんだろう」と思った[2]（二頁）。

私が自我体験研究を始めた頃、二五年ほど前の質問紙調査で、学生から寄せられた回想報告である。「私の出現の謎」はここでは、「私はどうしてここにいるんだろう」という問いかけとなって現れている（「ここ」という表現は、後に見るようにフッサール間主観性論における「絶対のここ」にも通じるところがあるので、憶えていただきたい）。

その前の「私はどうして私なんだろう」という表現は掴みどころがないように見えるが、次の事例と比較することで明確化されえよう。

事例4―2（ハイスクール生徒／女子）

私は私だということに気がついたのは、五歳くらいのある日、何もしないでただ座っている時のことだった。私は、なぜ自分は誰か他の人ではなかったのかと、自問自答を始めた。この疑問はその後一週間ほど続いた。その後も時々浮かんだが、最近はあまり浮かばなくなった。

自我体験研究を事実上創始した現象学的哲学者スピーゲルバーグが行った調査での、回想報告である[3]（一八頁）。ここでは、私が私だと気づくという自覚が、「なぜ自分は誰か他の人ではなかったのか」という問いを呼び起こしている。したがって、事例4―1での「私はどうして私なのか」という問いも、「なぜ私は私であって他の誰かではないのか」というより明確な問いへの、発展途上にあると解釈できる。

この後者の問いがすでに「他者の謎」を予感させていることを、見逃してはならない。「なぜ私は他の誰かではなかったのか」と問えるということは、私は私として出現し、他の誰かとしては出現しなかったということである。すると、その、「他の誰か」＝「私になりそこねた他者」とは一体どのような意味で存在しているのだろうか、他の誰かとはいったい誰なのか、といった疑問が、当然湧いてくるからである。

この「他の誰かとはいったい誰なのか」という謎は、次の事例ではまた別の形であらわれている。

事例4-3（稲垣足穂）

俺はもっと人生を愛したい、味わいたい、面白いことをしたい。或は苦しみたい……など云って死にぎわに喚くには当たらないのである。自分がいま、ここにいるように、死んだら又、別ないまここの裡に閉じこめられるであろうことには、疑いはない。この論旨が薄弱だと考えるのは、未だ一度も「自分は何故他の誰かではないのか？」「何故たったいま此処に居るのか？」について思いを凝らしたことのない者共である。

この文章を遺したのは、『一千一秒物語』『少年愛の美学』などの幻想的で異端的な作品で、かつてカリスマ的人気を誇った稲垣足穂（1900-1979）である。[4] といっても、現代の読者にとってはもはや馴染みの薄い名になっているだろうから、同時代の三島由紀夫による評言を章末註に紹介しておく。[5]

それはともかく足穂の文章の後半にも、「自分は何故他の誰かではないのか？」「何故たったいま此処に居るのか？」という自我体験の問いが、明瞭にあらわれている。ここだけ見れば先の二事例と同じである。けれども文章の前半には、死んだら「別ないまここの裡に閉じこめられる」という表現で、「輪廻転生」を思わせる死生観が表明されている。

この死生観は、「私の出現の謎（私はなぜ誕生したのか）」への、「解」として展開していると見ることができる。私が誕生して「たったいまここ」に存在しているのは、はるかな過去にも、それどころか未来にも、私が数限りなく「誕生」しては「別のいまここ」に閉じ込められ続けることのひと齣に過ぎない、というのが、その「解」なのである。

加えて足穂のこの死生観が、「他者とは誰か」の謎への一つの解をも含むことに、気づかなければならない。ここでいう「別ないまここ」とは当然、「私が他の誰かとして生まれた世界」のことである。そのような「他の誰か」は、当然、「私が生まれ変わった存在」である。だから、「他者とは誰か」の問いへの一つの答は、「私がそれとして生まれ変わった／生まれ変わるだろう存在」ということになるのである。

無論、これでは、「他者とは誰か」の謎の、ごく一部の解にしかならない。足穂のいう通りに私が死んだ後や生まれる前に「他の誰か」であるだろう／だった、としても、私は同時に多数の「他の誰か」であることができない以上、そのように多数の「私ではない他の誰か」（＝私になりそこなった他者）とは誰なのかという問題が起こってしまうではないか。

そもそも事例4‒2でいう「他の誰か」とは、元々、私と同時代に生きる他者を意味しているのではないのか。足穂のこの、一種の輪廻転生を示唆する死生観が込められた事例でも、「同時代的他者とはどのような意味で存在しているのか」の謎は手つかずに留まるのである。同時代的他者の謎をさらに明確に問題としてとらえるためには、自我体験研究の中から析出された独特の体験である「独我論的体験」について考察する必要が出てくる[6]。

4・2　独我論的体験から「他者とは誰か」を問う

事例4―4（理科系大学2年／男子）

……余白がだいぶあるので、昔思ったことのあることですが、多分心理学的な事だと思うので書かせて下さい。いつだったかは忘れましたが、本当に人が存在するのかという事です。自分は認識できるので存在はしているのですが、他人は外見しか見る事ができないのだから、自分と同じようなのか中身は空なのかわからなくなったのです。結局出した仮定は、自分以外の物事は全て自分のために存在しているのではないかというものでした。周りの人には自分勝手で自己中心的な考えだと言われましたが、人がいて自分がいるという考え方は、常識ですが誰も絶対に知ることはできないで納得してしまっている事です。今の自分も結局「納得」してしまっている訳ですが……というより、どんな答えをもってしても「理解」する事はできないので、「納得」するしか仕方なかったのです。ひさしぶりに思い出したので書いてみましたが、あまりうまく書けなかったようです。

冒頭に、「余白がだいぶあるので……」とあるのは、これが、十数年前に私が担当していた教養

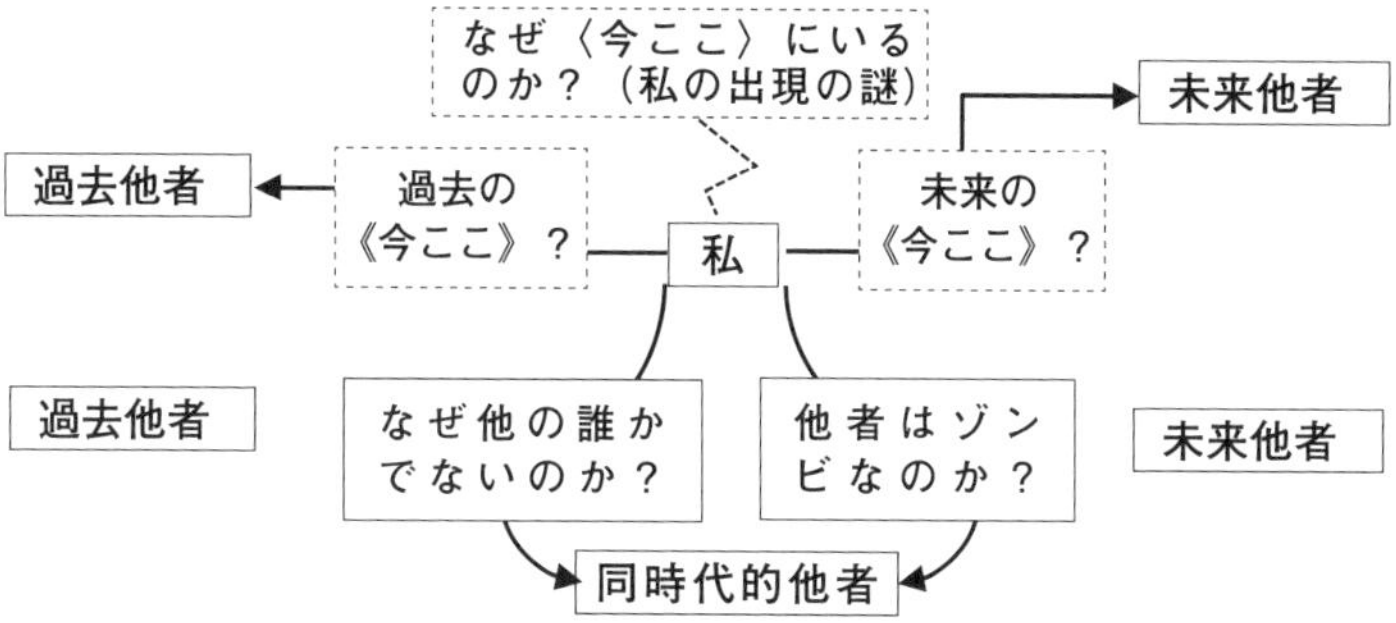

図4－1

ゼミの履修希望者に提出を求めていた、「履修希望理由書」の余白に書かれたからである。つまりこの事例は、事例4－1や4－2のように調査によって得られた事例でもなく、事例4－3のように著名な作家の作品中に現れたわけでもない。ごく平均的な理科系大学の学生が自発的に寄せてくれた事例であるだけに、私は深い衝撃を覚えたのだった。(7)

　この事例では、「他者とは誰か」の謎が、「自分と同じようなのか中身は空なのか」と、端的に表明されている。「中身は空」とは、「ゾンビ」といった意味になるだろう。しかもこの事例では、「人がいて自分がいるという考え方」つまり、大勢の他人たちの中の一人として自分がいるという、第一章でも指摘した常識的な考え方が、「『理解』する事はできないので、『納得』するしか仕方なかった」として実質的に退けられている。だから、「他者とは誰か」という謎に対しては、「ゾンビ」という端的な解が与えられているといってよい。だからこそ、「独我論的体験事例」というのである。

　死の謎を「私の死の謎」として捉えることで私の存在の謎に直面したが、そこから「私の出現」の謎と「他者の謎」が、同時に析出したのだった。この独我論的体験では、特に同時代的他者（＝私になりそこなった他者）の謎には、「ゾンビ」という、衝撃的な解が与えられたのだった。

話が錯綜してきたので、以上の自我体験・独我論的体験の考察で徐々に明らかになってきた「私の存在の謎」の構造を、図4−1に図解しておこう。

4・3節　発達性エポケーとしての自我体験・独我論的体験

ここで、こういう人もいるかもしれない。自我体験・独我論的体験といっても、少数派の、それも子どもの体験に過ぎないではないか。なぜそのような体験の考察から「私の死の謎」の探究を始めなければならないのか、と。それに対してはこう答えよう。自我体験・独我論的体験とは、子どもの精神発達過程の中に生じた自然発生的な現象学的還元だからである、と。フッサールの現象学的還元とは、常識的に自明とされて来た思い込みをカッコに入れて、体験世界をありのままに観察する方法である。自我体験・独我論的体験の存在は、現象学者の哲学的作為としてでなく、ふつうの子どもの精神発達の過程で、現象学的還元が自発する可能性を示唆しているのである。

現象学的精神医学の木村敏は、統合失調症患者の体験を検討した結果、統合失調症者が統合失調症者であるかぎり「そこに必ず見出される事態」として、「一言でいえば自己同一性についての自明性の喪失」[8]（一二〇頁）がある、という。が、私たちの調査によれば大学生の三〜四人に一人の割合で自我体験が、主として児童期に発する回想として報告される以上、病理的ではない定型的な発達過程の中であっても自己の自明性の亀裂が、一定の割合で生じていると見なければならない。ブランケンブルグも現象学的精神医学の立場から患者の体験世界を考察し、精神病理としていわば強制的に自己や他者の自明性が自明でなくなってしまうという統合失調症患者の体験を、統合失調症性のエポケーと名づけている。(9) これに倣って私は、自我体験・独我論的体験の全体を、「発達性エポケー」として現象学的に定義するに至っている。(10) エポケーとは、判断停止と訳されるが、フッサールのいう現象学的還元の最初の段階であって、確実な知識から出発するためにあらゆる日常的な先入見をカッコに入れる手続きのことを意味する。他者に関する日常的な先入見とは、事例4-4の大学生の言い回しを借りれば、「自分と同じよう」であり、「人がいて自分がいるという考え方」である。事例4-1と4-2について言えば、自己の自明性が揺らいだからこそ、自明であるはずの「私は私である」という事態を改めて不思議の念と共に自覚したのだし、「私はこれこれの人間である」という自明な事態が自明でなくなったからこそ、「なぜ他の誰かではないのか」という疑問が生じたのである。

このように、発達性エポケーとしての自我体験・独我論的体験を考察することは、《私》と《他者》とそして「私の死」の謎に、現象学的に、つまりあらゆる日常的な先入見を排して、対峙し考察することになるのである。第1章に紹介されたマッハ的な自画像と他者像の世界（図1-2）を再発見し、そこから私と他者の謎を設定し直すことといってよい。「事例マッハ的自画像実習の考察」で「自分は本当に他人と同じ存在であるのか（うまく表現できないが）という不思議な感覚も感じた」学生は、遅ればせながら自我体験・独我論的体験をしたことになるといえよう。

次節からは、そのようにして自我体験・独我論的体験の考察を続けることによって、これらの体験の根源に潜む「人間的世界経験の根源的パラドックス構造」へと到達しよう。そしてこのパラドックスのフッサール現象学における解決が、「《他者》とは時間を異にした《私》である」という死生観を示唆しうることを、本章の後半で明らかにしていこう。まず、次のオランダ人女性の二事例(1)が、このパラドックス構造の端的な例示に役立つ。

4・4　自我体験における「自己の唯一性 vs. 自他の等根源性」のパラドックス

事例4―5（二四歳女性／在アムステルダム）

九歳か一〇歳の頃のことでした。夜で、真っ暗闇でした。私はベッドに入っていましたが、眠れません……。突然、どこからともなくある認識が私に訪れました。私は私。私は私であることの世でたった一人の人間。私は、この認識が不意にやって来て、私をやや不安にさせたと思います。私は自分のからだに閉じ込められたように、またかなり孤独に感じました。私はその夜考え続け、誰もがみな自分自身なのだと気づきましたが、それでもこの感覚は長く残りました。

事例4―6（七五歳女性／在ハーグ）

（九歳の頃。ひとり草原で。）学校から出ると素晴らしい好天気（……）私は草の上に大の字になり、空を見上げ、肺の奥深くまで息を吸い込みました。そしてふいに、私は《何者か》だと理解したのです。単にクラスの大勢の子どもの一人ではなく、私の家族の七人の子どもの一人でもない、独自の一個人であると。（……）私はそれを誰にも話しませんでした。それは、言葉にはできない一種の「秘密」となりました。（……）私は七五歳になっています。今では、誰もが唯一の存在だと（知的には）わかります。でも、当時、その発見は知性とは何の関係もありませんでした。それは忘れられない感覚だったのです。

上記の二事例を比較することで浮かび上がってくる共通の体験構造は何だろうか。

まず、前半、「私は私であるこの世でたった一人の人間」（4-5）、「私の家族の七人の子どもの一人でもない、独自の一個人である」（4-6）という表現で表されている自覚を、「自己の唯一性の自覚」と称しておこう。これは、註(6)で紹介した自我体験の四要素中の、(4) おののき（独我論的体験）「世界中で私であるのはX・Y一人なのでX・Yは唯一で、だから特別だ!?」に対応する。もし、この唯一性の自覚のままでとどまれば、事例4-4のような「独我論的体験」として凝固したであろうと思われるのである。

ところが、両事例とも、「私はその夜考え続け、誰もがみな自分自身なのだと気づきました」（4-5）、「今では、誰もが唯一の存在だと（知的には）わかります」（4-6）と、新たなる展開を示している。これは一見、「成長」に思える。けれどもよく考えれば、容易ならぬパラドックスに嵌り込んでいることが分かる。誰もが自分のように唯一では、「唯一存在」が多数あることになり、自分もまたそのような多数例から成る「類」の一員に過ぎず、唯一どころではなくなってしまうではないか。

このようなパラドックス構造は、日常的事態でも姿を覗かせることがある。図式化すると、それは次のように進行する。

(1) 私は自分がかけがえのない唯一の存在だとわかった。
(2) 私にとってBさんはかけがえのない唯一の存在である。
(3) CさんもDさんも、各自にとってかけがえのない唯一の存在であり、おたがいにもかけがえのない唯一の存在ではないだろうか?
(4) すると私たち地球八〇億の人間は全員が「かけがえのない唯一の存在」という「類」を構成することになり、私たちはその「一例」ということになるから、私たちは「かけがえのある存在に過ぎない?」

このような構造を備えた人間的世界経験のパラドックス構造を、私は、フッサール現象学の言葉づかいを借りて、「自己の唯一性の自覚 vs. 自他の等根源性の要請」と名づけている。[11] すでに第1章でも述べたが、自己の自覚を深めれば深めるほど、自己は世界で唯一の存在であると思われてくる。とはいえ、自己を唯一神の化身であると妄想しない限り、他者もまた自己と等しい唯一性の深みに存在していて欲しいという願いを断ち切ることはできない。けれども、自己の唯一性と自他の等根源性とはそもそも両立しない。これが人間的世界経験の根源的パラドックス構造である。これまで紹介してきた多様な自我体験・独我論的体験は、このパラドックス構造から発出する個別的な表現型とみなすことができるだろう。

次の4・5節で、フッサール現象学においてこのパラドックスがいかに扱われているかを一瞥し、4・6節ではフッサール他者論へのヘルトによる内在的批判の検討を通じて、フッサール他者論の時間差解釈と名づけた新たな現象学的他者論を提起する。4・7節では、この新たなる他者論においては他者は時間を異にした私であることになると論じる。4・8節では、「私の死」と「他者」とをあらためて「限界現象」と名づけた上、あくまで現象学に忠実にその分析を行い、私の死後も他者が生き続けるという信念の意味を、フッサールの志向性の概念を用いて解明する。4・9節ではこれらの考察が「超越論的」な立場に基づいていることを確認した上で、死生観的展開の可能性が論じられる。

4・5 人間的世界経験の根源的パラドックス構造とフッサール他者論

議論をフッサール現象学に即して深める準備として、自己の唯一性の自覚 vs. 自他の等根源性の要請というパラドックス構造を、第1章でも用いたマッハの自画像を使って図解しよう。

図4-2右は「マッハの自画像」に三人の他者が出現した図である。現象学的還元を受けた世界ともいえ、自己が世界で唯一の「絶対のここ」に位置するのに対し、他者は「そこ」にいる。図4-2左はメルロー・ポンティの言う「上空飛行的態度」で描かれた世界であり、自己も他者も

すべて人称なき「多数のヒト」の中の一人として理解されている（「無人称的ヒト」などという自己・他者理解は科学的抽象物なので、「多数の他者の中の一人の他者」として前・反省的に了解されているというのが真実に近い）。

ここで、パラドックスから脱出するには、図4–2右図に出現した三人の他者のそれぞれが、「この右図と同様の世界の中で自らを唯一の《絶対のここ》として生きている」ことを、私はなぜ、そしていかにして確信するのかを、解明する必要がある。つまり、「他者論」の必要性である。事実、フッサールは、『デカルト的省察』[12]の中で、間主観性論の名の下にこれを試みている。そこでは、私が生まれながらのロビンソン・クルーソーであって他者という存在を未だ知らないと想定することから出発する、一種の思考実験が行われる。それは以下のように五段階に要約できる。

(1) 他者を示唆する一切を括弧入れするという徹底的なエポケーを敢行する。

(2) このエポケーを受けた世界の中心、「絶対のここ」に、一つの身体が位置している。身体はキネステーゼの座であり、触れる・触れられるという、主観でもあり客観でもあるという、唯一独特の存在者である。

(3) その時、一つの「物体」が「そこ」に現れるとする（他者の身体なのだが、まだ「身体」という意味を持たない）。

(4) 物体は「ここ」に居る身体に似ている。そこで「対化」の現象が起こり、そこにある物体へと、ここに居る身体から、「身体」の意味が移送される。この過程を類比化的統覚とい

図4－2　右：マッハの自画像に出現した３人の他者。左：上空飛行的視線の下の世界では４人全員が「他者」に過ぎない。

う。同時に、「ここに居る身体」に「私の身体」という意味が与えられる。

(5)

この、「そこに在る身体」を自己の身体とする他者および他者にとっての現象世界とは、私と私にとっての現象世界の「志向的変様」として現れる。志向的変様とは、「ちょうど私がそこにいる時のように」そこから現象的世界がひらけ、その中心としての身体を「ここ」とする「他の私」(他我)が構成されるということと考えてよい。ちなみにフッサールは、ある身体を「ここ」としてそこから開ける現象世界のことを、モナドと言っている。他者のモナドは私のモナドの志向的変様である。

上記の他者論でキーワードとなるのが、「ここ」(絶対のここ)である。「そこ」に居るに過ぎない他者の身体を、他の「ここ」として一挙に構成するのが、フッサール他者論の眼目である。すでにふれたように「ここ」という表現は、自我体験回想においてもしばしば出現する。「事例4－1」にも出現し、事例4－3（稲垣足穂）には三回出現している。だから自我体験・独我論的体験を、「発達性エポケー」と呼ぶのである。

4・6 ヘルトによるフッサール他者論の内在的批判

フッサールのこの他者論には批判が多い[13]。即座に思いつくのは、多数のモナドの同時的並存を認めてしまうと、それら諸モナドを上空飛行的に俯瞰するような世界理解となってしまい、せっかく現象学的態度によって克服したはずの「図4－2左」に舞い戻ってしまうのではないか、ということであろう（フッサールが最晩年の『危機書』[14]（第五二－五五節）でしきりにパラドックスと言うのも、このことを自覚したのだと思われる）。

これに対して私は、諸モナドは同時に空間的に並存するのではなく時間を異にして存在するという、「フッサール他者論の時間差解釈」を試みる[15]。そのヒントとなったのは、フッサールの孫弟子クラウス・ヘルトによるフッサール他者論への「内在的」批判である[16]。

ヘルトによる批判の概要を、表4－1として掲げておく。

表の中身をより具体的かつ平易にいい直すと、次のようになる。

そこに、「山田花子」が立っている。山田花子は私にとって他者である。より厳密にいうと、私は山田花子を、単に複雑な形状をした物体として見るのではない。私の体験世界と似た体験世界が、

表4－1　K・ヘルトによるフッサール他者論の内在的批判

　フッサールは異質の2種類の意識の働きの協働によって、類比化的統覚が成立するとしている。なぜなら、「ちょうど私がそこにいる時のように (wie wenn ich dort wäre) そこから現象的世界がひらけ、その中心としての身体を《ここ》とする《他の私（他我）》が‥‥」というように、フッサールは『デカルト的省察』(p. 148) の中でこの類比化的統覚を表現しているが、この（ヘルトによって）太字で強調された部分の文は、二重の意味を持つからだ。

　①「あたかもそこにいる他者の身体をここととして世界が開けているかのように私は想像する」という虚構的意識（＝表4-2「空想」)。この意識は、「あたかも私がそこにいるかのように」(als ob ich dort wäre) という言い方で表されるであろう。けれど私はそれが虚構であることを知っている。

　②「私がここにいるのと同時ではない過去か未来かに、私はそこ（他者の身体）にいることができる」という時間的想像（＝表4-2「定立的準現在化」)。この想像は、「私がそこにいるならば」(wenn ich dort bin) という定式で言い表されるであろう。

　『デカルト的省察』では二種類の意識は区別されていないが、この二種類の意識のはたらきの協働 (Zusammenwirken) によって類比化的統覚が成立するのでなければならないと、フッサールは多かれ少なかれ明確に遺稿で述べている。けれども、これら2種の意識の働きは全く異質なので、いくら協働しても、目の前の他者の身体を「ここ」とするモナドが開けるという確信は形成されないのではないか。

《そこ》にある山田花子の身体を《ここ》としてひらかれている、と確信する。この確信はどこから来るのか。フッサールはそれを、二種の志向的意識の協働作業によるとした。第一に、「あたかも私が今、《そこ》にいるかのように想像すること」である。そのためには、私の身体が現に山田花子の身体であり、つまり私は山田花子であると想像することになる。けれども私はこれが想像に過ぎず虚構であると、知っている。

　そこで第二に、「私がそこにいる時に《ここ》として体験世界がひらける」という、時間軸上の想像意識を、フッサールは付け加えた。けれども、私が現にそこにいない以上、私が《そこ》を《ここ》としているのは、過去か未来かになってしまう。ましてこれを、私が過去か未来かに、「山田花子であった・であるだろう」と想定する、という意味に取らねばならないとすると、（実際そう取らねばならないではないか！）ますますおかしな話である。このように異質的である第一の志向的意識と第二の志向的意識とをいくら協働させても、他者の実在の確信が生成するとは思えない。

4・7 フッサール他者論の時間差解釈から「他者は時間を異にした《私》」へ

ヘルトは、だからフッサール他者論はダメだと言って、代替案を提案する。けれども私は、このヘルトによる批判を、「フッサール他者論の批判的再構成」として、あえて字義通りに受容したい。まず、この説は、他者経験が単一の直観などではなく、二層、つまり二種の志向的意識から成ることを示している。第一の層は感情移入（共感）対象としての他者であり、共感の発達心理学研究の一大トピックスとなっている。が、この層、私が他者の身体を《ここ》と想像する志向的意識は、反省に対して脆弱であって、私が自己の唯一性を自覚すると共に自他の等根源性が破れ、感情移入された他者は私の分身であり虚構であることを自覚せざるを得ない。

かくして出現する第二の層こそ、「私が過去か未来かに『山田花子』であった・であるだろうと想定する」志向意識が働く層であり、「私の過去・未来としての他者」を予兆させる層である。フッサール自身、他我をしばしば「自我の時間化」と言い、また他者経験と私自身の過去想起との志向的意識上の類似性をしばしば指摘する。[17] そもそも、「よみがえる何もないにもかかわらず主観的体験の存在を確信してしまう」という意味で、他者に最も近い存在は、「いかなる記憶もない過去のある日の私」ではないだろうか。他者とは、「もはや想起できない／未だ予期できない」私である、ということにならないだろうか。

さらに言えば、「《絶対のここ》と等根源的な「他のここ」としての他者を理解可能にする唯一の途は、「《他のここ》は、かつて／いつか《此処のここ》だった／になるだろう」であり、分かりやすく言えば「私は過去か未来かに、そこにいる山田花子であった／であるだろう」ではないだろうか。ゆえに、第二の層における「時間軸上の想定意識」にこそ、《自己の唯一性 vs. 自他の等根源性》のパラドックスからの脱出口があるのではないだろうか。

「他者とは時間を異にした私」とはつまり、「事例　稲垣足穂」で示唆された死生観を想起させるのではないか。無論、現象学的他者論からのこのような死生観的展開は、西洋人フッサールやヘルトは言うに及ばず、日本の現象学者にとってさえ想像の埒外に違いない（だから私は、現象学者が同席しそうな場所では、慎重を期してこのような死生観的展開については口を噤んできた）。にもかかわらず、このような展開は日本でしかできないと思われる。なぜなら日本は、(1) 自我体験研究が持続的になされている殆ど唯一の国である、(2) フッサール研究ではドイツに次ぐ水準にある、(3) 東洋の国として「輪廻転生的」伝統があり抵抗が比較的少ない、という好条件（?）に恵まれているのだから。

4・8 「私の死」と「他者」という限界現象の現象学的解明

それにしても死生観的展開の前途には厳しいものがある。そもそも、私の死とは、私の誕生と同じく、現象学的にいえば決して経験できないという経験であり、現象しえないものとして現象する「限界現象」である。[18] ところが、これまでの考察でも明らかなように、《他者》もまた、身体的心理的次元を超えて《私》と等根源的に「他の絶対のここ」「他のモナドの中心」と解される限り、限界現象になってしまう。同時代的他者をも含めた他者を、時間を異にした《私》として理解するとは、二つの限界現象の同一性を「証明」するようなものかもしれない。けれども、本章ではあくまでフッサール現象学の基本方法である志向的分析に忠実に限界現象に挑戦しよう。そして、「他者とは時間を異にした私である」「他者とはもはや想起できない／未だ予期できない私である」という、これまでの考察で得られた命題を、納得のいくような現象学的な解明にまでもってゆこう。

4・8・1　フッサール現象学における志向性の分類

まず準備として、「予期／想起」「時間軸上の想像」「空想」「虚構」などとして、いままで散発的に出てきていたフッサールの志向性の種類を体系化して表にまとめよう（表4−2）[19]。

表4−2に見るように、多様な志向性は「現在化／準現在化」に大別されるが、最後の2段に、「現前化／向現前化」という、新たな対立軸が出現している。これはフッサールが『デカルト的省察』の中で、他者経験の本格的考察を始めるに当たって導入した対語である。[20] 新たな用語の導入は、他者経験というものに、それまでの志向性分析では捉えきれないものを感知したからだと思われる。

表4−3は、「向現前化―他者経験」の行を、前述ヘルトの批判に基づいたフッサール他者論の再構成によって改訂したものである。この批判的再構成の利点は、向現前化という「困った」概念を、

表 4－2　志向性の種類（『夢の現象学・入門』(p. 21）でのまとめを参照。）

志向性の種類	意識の様相	解説
現在化(Gegenwärtigung)	知覚・原印象	知覚的現在は瞬間ではなく一定の拡がりを持つ。たとえば、ベートーベン『運命』の冒頭、ジャジャジャジャーンというメロディの一節で、三番目のジャが原印象だとすると、それ以前のジャジャは想起せずとも現在に留まっている過去把持であり、最後のジャーンは思い描かずとも自ずと知覚的現在に現われる未来予持である。詳しくは第 6 章参照。
（共現在化）	知覚・過去把持	
（共現在化）	知覚・未来予持	
準現在化(Vergegenwärtigung)	知覚以外	ドイツ語 vergegenwärtigen は、日常語としては「ありありと思い浮かべる」と訳される。現に今それと相対していないような対象を思い描く作用。
定立的準現在化 準現在化の中でも、空想と異なり、存在した・している・するだろうという確信をもって思い浮かべることが定立的準現在化。	予期（将来想起）	明日予定されている会議の光景を思い浮かべる等。未来予持に比べて能動的な作用。
	（再）想起	昨日のコンサートの情景を思い浮かべる等。過去把持に比べて能動的な作用
	現在想起	外から家の内部を思い描く場合のように、実際に知覚することなくして、現在存在しているものとして思い浮かべる。
非定立的準現在化 準現在化の中でも、空想のように、実在の信念なく思い浮かべること。	空想	一角獣のような虚構の対象を思い浮かべる。
	記号・像意識	読書で文字を記号として物語の中に入り込む。／絵をある人の肖像として見る（画像であって実物でない以上、その人の実在非実在にかかわらず非定立的）。
向現前化(Appräsentation)	他者経験	他者を他の主観として経験すること。他者の主観的経験を意識的無意識的に思い描くことも含まれ、「感情移入する準現在化」とも称される。定立的準現在化の一種であるが、時間軸上で現在化することは決してない。
現前化(Präsentation)	知覚	向現前化に対比させて現在化を再定義した語。ほかならぬ私の知覚。

表 4－3　表 4－2「向現前化」の行の、ヘルトによる批判的構成に基づく改訂版

志向性の種類	意識の様相	解説
向現前化 ＝「非定立的準現在化」×「定立的準現在化」* *「×」は協働を表す。以下同。	他者経験 ＝「空想」×「想起・予期」	自分がその他者であるという空想（＝非定立的準現在化）と、いつかその他者であるという時間軸上の準現在化（＝定立的準現在化）の協働作業が他者経験。

二つの準現在化の協働作業として分析しているところにある。説明というものはシンプルな方が良い以上、志向性の種類も少ない方が良いから。

さて、私は、自分は昨日という過去に確かに生きていて、今日という現在を確かに生きていて、そして明日も（多分）生きていると思う。けれども、明日はもう生きられない、と確信することもあるだろう。けれども、私が死んでも、他者は存在を続ける……そう私は確信している。この確信の構造を、志向性の概念を使って解明して見よう。

4・8・2　私の死後に他者の実在を確信させる志向性の構造

有名なエピクロスの論法によれば、私が生きている限り死を経験しないし死ねば経験自体が存在しなくなるから、一人称的死は経験しえない。ところが、私が死刑になるといった場合は、死は直接経験しえなくとも、死の確信だけは存在するように思われる。その場合は、明日への「予期」としては何一つ「定立的に準現在化」（＝実在確信をもって思い浮かべる）できないはずだから、「空無」を準現在化することになる。空無の準現在化とはいかなる事態だろうか。次の例は独我論的体験に分類されるが、子どもであるが故に真っ正直に空無を準現在化しようとして、「世界が消えるのか」という思いに駆られた例である。

事例4－7（七歳）

小学校の帰り道。ふと自分が死んだら自分の見ているこの世界はどうなるのかと思い、世界が消えるのかと思ったがそんなことはないと考えなおし、自分が見ているとはどういうことなのか、自分が死んだらどうなるのかを考え続けたがわからず、他の人に相談しようとしても上手く言葉で説明できなかった[21]（九七頁）。

また精神医学文献には、死ねば世界が消えるという統合失調症者の独我論的「妄想」の報告もある[22]。「まえがき」に触れたような「死後は虚無」と言っているような人でも、このような真っ向からの空無の準現在化をしない。代りに私たちが普通やることは、自分の葬式の情景といったものを思い浮かべることだろう。ただしその際、上空飛行的な視点を取ってはいけない。第1章でも強調したが、そのような視点はフィクションであり、他者の中の一人の他者としての自己了解へ導いてしまう。では、私の葬式へ参列する「他の誰か」の視点ならどうだろうか。世界が消えるというのでなければ、この「誰か」の視点の実在を確信せざるを得ないだろう。つまり、「誰か」から見た私の葬式の光景を、私は「定立的に準現在化」するのである。しかもこれは未来の事であるから、この定立的準現在化は、表4－2に照らして、これも「予期」であることになる。

つまり、私の死後への予期には、「空無」の準現在化と「他の誰かの視点」の準現在化の二者択一がある。「他の誰か」を自己と等根源的な他者として認める限り、私が確信するのは「他の誰かの視点」の実在性の方である。ここでの問題は、このような私の死後の他者の実在を確信させる志向性の構造である。

同時的他者の場合は、表4－3にまとめたように、他者の実在への確信は、二種の志向的意識の協働作業によるとして解明がなされている。――第一に、「あたかも私が今、そこにいるかのように想像すること」である。そのためには、私の身体が現に山田花子の身体であり、つまり私は山田花子である、と想像することになる。けれども私はこれが想像に過ぎず虚構に過ぎないと、知っている。そこで第二に、「私がそこにいる時にそこを《ここ》として体験世界がひらける」という、時間的軸上の想像意識を、フッサールは付け加えた。けれども、私が現にそこにいない以上、私が《そこ》を《ここ》としているのは、過去か未来かになってしまう……。

ところが、私の死後に関しては（山田花子が私の葬式に来るとして）前述の「私は山田花子である……が想像に過ぎず虚構に過ぎないと、知っている」という事態が変化している。今、私が、それが「虚構に過ぎない」と知っているのは、私が渡辺恒夫として《ここ》にいるからである。ところが私の死後には「私が渡辺恒夫として《ここ》にいる」事態はもはや成立していない。結果として、「虚構に過ぎない」と一蹴する根拠も失われてしまう。

次に、『私がそこにいる時にそこを《ここ》として体験世界がひらける』という、時間軸上の想像意識についてはどうか。ヘルトの批判によれば、「私が《そこ》を《ここ》としているのは、過去か未来かになってしまう」のであるが、まさにその未来になってしまったのである。だからもはや、私の生きている時は《そこ》だった山田花子が、《ここ》になるという想定を妨げるものはない。ゆえに、「私は山田花子になった」といえないだろうか。

4・8・3　予想される批判とその反批判——私の「転生」か別人か

以上の論法がただちに読者に受け入れられることを、私は期待してはいない。私の葬式に参列する「山田花子」はやはり別人ではないかという、常識からみて当然すぎる批判が寄せられるであろう。そのような批判がよって来たる根拠は次の二つに分析できよう。

第一に、別人だという批判は、常識的世界理解つまり上空飛行的視点を無意識に採るところから来ている。上空から時の経過を観測すれば、「渡辺恒夫」が消え、元々別人だった「山田花子」が生き続けるというだけのことだ。人格同一性の伝統的な基準の一つである「身体連続性」が、無自覚のうちにここには適用されている。けれどもこのような上空飛行的視点こそ、現象学が（つまり本章が）厳しく退けてきた虚構に他ならない。

第二に、人格同一性基準のオルタナティヴたる、記憶連続性へ訴えるところに由来する批判が考えられる。渡辺恒夫の葬式に参列した山田花子の「一人称的視点」をとってみよう。すると、渡辺恒夫が生きていた前日も山田花子には自分が山田花子だったという、連続した記憶がある。だから山田花子は前日から、それどころか記憶の遡られる限り山田花子だったのであり、「ある日から誰かの転生になった」などトンデモないことである……。

もっともらしく響くが、ここには論点先取がある。そもそも山田花子の「一人称的視点」を私が採りうるのは、私が山田花子を等根源的な他者として認めているからに他ならない。ところがすでに前項までの議論で見たように、山田花子という他者の実在確信を現象学的に解明した結果、それを、（表4‐3を引用すれば）「自分がその他者であるという空想と、いつかその他者であるという時間軸上の準現在化の協働作業」として解明したのである。従って、ここで議論は前項（4―8―2）中の後半、「ところが、私の死後に関しては、山田花子が私の葬式に来るとして……」にまで戻ってしまい、堂々巡りになってしまう。山田花子の一人称的視点への実在確信を現象学的に分析した結果に基づいて議論を進めているのに、実在確信を素朴に前提とした議論に戻ってはいけない。

それならば、身体連続性にも記憶連続性にも訴えないばかりか、それらを上回る人格自己同一性の基準を示すべきだ、と言われるかもしれない。そのような基準は次節以降で検討するが、とりあえず、自己の唯一性、「絶対の《ここ》の唯一性」という基準をあげておこう。

私が今ここで「渡辺恒夫」として生きている以上、唯一の《絶対のここ》は渡辺恒夫の身体に位置している。ではこの身体が消滅したなら《絶対のここ》はどうなるのか。他の誰かの身体が《絶対のここ》になる。同時に唯一つしか存在しえない《絶対のここ》が時間的に踝を接して出現したなら、数的に異なる新たな《絶対のここ》が現れたとするより、同じ《絶対のここ》がまたしても現れたとする方が自然ではないのか。

今、私は唯一者として《絶対のここ》にいる。次はあなたが《絶対のここ》にいるだろう。これが、ここで可能性が開かれた死生観的展開に他ならない。それがまた、「自己の唯一性の自覚 vs. 自他の等根源性の要請」というパラドックスを超える途であると思われる。

4・9　超越論的現象学への／からの、遥かな道

ここで当事者死生学という本書の趣旨からして、本章のような困難な課題に挑むにいたった個人的な経緯を記しておきたい。私はもの心ついたころから、註(6)でいう自我体験・独我論的体験「私はなぜ他の誰かではないのか？」「世界中で私であるのはこの人間一人なので、この人間は唯一で特別だ⁉」を抱えてきたが、程なくこの問いの解決のため、「世界中の人間は唯一の私の時を超えて転生する姿に他ならない」という死生観を「創案」し、二十年以上まえ機会が与えられた際に「遍在転生観」という名を与えて世に問うた[23]。結果は不評だったが、その理由は分かっていた。そのような死生観に到達するまでの方法論を示さない以上、ファンタジーに過ぎないのだから。ちょうど、論理学者スマリヤンの次のような「輪廻転生観」が、自ら「哲学ファンタジー」と銘打たれて発表されているように。

アンドリカス　……第三の仮説は、宇宙には、たった一つの心しか存在しない、というものです。この心が、驚くべきスピードで、この世に存在するすべての生物の間を駆け巡るというわけです。たとえば、この心は、あなたの身体に一兆分のそのまた一兆分の一秒間宿り、次に僕に、それから隣人に、そして犬に、というふうに動いていきます。あまりに速く駆け抜けるため、結果的には連続的に見える。つまり、一本の光線がテレビの画面を縦横に

駆け巡るのが、あまりにも速いので、僕たちには映像に見えるのと同じことです。

哲学者1　それが、東洋の神秘主義者の「汝の隣人は汝自身である」という言葉が表す意味なのかね[24]？

その後私は、自我体験・独我論的体験の調査研究に打ち込み、この体験の普遍性を実証した。けれども真の方法論的ブレイクスルーを可能にしたのは、フッサールの超越論的現象学との出会いだった。「超越論的 transzendentale」は「超越的 transzendent」と混同されやすいが、経験を越えた超越的存在についての信念にどのような妥当性があるのかという、超越をめぐる論という意味になる。超越論的現象学では、事物の「背面」のような経験を超越した対象への実在確信を、あくまで内在的視点に徹して体験構造中の「確信の構造」として解明するのである（詳しくは註(10)の文献の第4章を参照）。ところが「私の死」に関しては、明示的には「確信の構造」が見つからない。だからヘルトの批判を導きの糸として、他者経験の志向的構造に埋もれていた下層から取り出さねばならなかった。

ここにいたってようやく、私自身が「死生観の創案」にいたった根本動機が明らかになる。私の体験構造の内部には、私と等根源的な他者という超越的存在の同時的実在を確信させるような「確信の構造」が、当時から今にいたるまで見いだせないのである。見出したいと思って他者経験の志向的構造を現象学的に分析してみたところ、出てきたものは「時間を異にした私」への志向性であり、その中には私の死への示唆が含まれていた。きっとかつての私は、このような事態を薄々察知して、それを素朴な形で解釈して死生観的展開を図り、後に東洋思想に触れて輪廻転生的なアイデアを取り入れたのだろうと、今にして思うのである。

言うまでもなくここには飛躍が、超越論的立場から超越的立場への飛躍がある。けれども、死生観的展開のためには避けられない、言ってみれば「モデル作り」である。問題は、新たに取り出された「時間を異にした私」という他者了解に、どれくらい整合的なモデルに到達できるかなのだ。多くの死生観モデルは、「はじめに」で触れたデーケン流不滅の生命説にせよ唯物論的虚無説にせよ、あるいは伝統的輪廻転生観にせよ、すべて上空飛行的態度に基づく自己・他者了解から出発している以上、不満足なものである。それらの死生観は、アインシュタインの四次元時空連続体上の多数の「世界線」に、自己同一的な個々の人格を割り当てるという操作に基づいている。そのような世界の中では私は、多数の他者の中の一人の他者にすぎない。

ここで、前節の最後でふれた、「今、私は唯一者として絶対のここにいるが、次はあなたが絶対のここにいる」という死生観モデルをあらためて採り上げよう。このモデルでは、上述の時空連続体モデルに引き写せば（モデル同士の優劣比較だからこのような操作も許される）、唯一の《私》が、多数の世界線上を「渡り歩く」という死生観モデルとなる。自己同一性は唯一存在には本来は問う必要がないと思われるが、死生観的展開のためには他の死生観との比較上、何らかの基準を示すことが必要になる。けれども、「人格の自己同一性」の絶対的基準を見出すことは、そもそもが不可能ではないだろうか。他のところでも引用したＳＦによると[25]、人間電送機が普及した未来社会で、電送機の故障で元の場所にいた人物が消去されずに送り先と元の場所の両方に同じ人物が存在することになった事故の場合、管理部隊が「故障が原因で生じた不正な存在」として消去に向かうのは、身体連続性も記憶連続性も双方兼ね備えているはずの元の場所の人物の方なのである。それゆえ、《絶対のここ》の自覚を唯一の人格自己同一性の基準とする死生観の展開をめざすことを、論理的に否定することはできない。また、この場合の経験的基準は、「事例テクスト中に表現されている体験の同一性である」ということになる。一九四六年の日付のあるオランダ人女性のテクスト事例を読んで《絶対のここ》を自覚したのであれば、私は一九四六年にオランダ人女性として、それを自覚したのだとするのが、体験の同一性に基づく人格自己同一性なのである。

4・10 死生観構築にあたっての残された難問

死生観モデルのための難問は数多いが、紙数の都合でただ一つ、「時間を異にした私」という場合の「異なる時間」とはいつのことか、という問題にだけ注意を促しておこう。「渡辺恒夫」に《絶対のここ》が臨んだのは、誕生時からでも物ごころ付いた瞬間からでさえなく、今日からかもしれないし、一瞬前からかもしれない。それが去るのは、死を待つことなく、一瞬後なのかもしれないではないか。前節で紹介したスマリヤンの説（私はかつて「刹那転生輪廻」と名づけたのだが[25]）によると、転生の単位は時間のアトムとしての極微である（仏教では刹那という）。刹那転生輪廻説の利点は、対話相手の「哲学者1」が示唆するように、私が唯一性を失うことなく同時にすべての人間であることになり、自己の唯一性 vs. 自他の等根源性というパラドックスが解決されることである。

けれども、フッサールは極微的な時間原子を想定しない。表4‐2の最初の行の「解説」にあるように、「知覚的現在は瞬間ではなく一定の拡がりを持つ」のだから。元々、フッサールはウィリアム・ジェームズの「見かけの現在」の説を発展させたのであるが、あるメロディーが続いている間は、メロディーの最初の方の音は、何も能動的に想起しなくとも、退き沈む音としておのずと現在にとどまって知覚される。これが「過去把持」である。同様にメロディーの後の方の音も、能動的に予期することなく、おのずと知覚的現在へとひらき示される。「未來予持」である。過去把持‐原印象‐未来予持という志向性が、瞬間でなく幅のある知覚的現在を構成する。この説を現在の認知科学で検討すると、知覚的現在の幅は固定したものではなく、数秒から数十分という幅のあるものになる[26]。音楽に完全に没入してしまえば長い曲でも全体が一個のゲシュタルトを緊密に構成して知覚的現在になるが、気が散るとゲシュタルト分解を起こして知覚的現在も収縮する。ヘルトがフッサールを論難して言う「私が過去か未来かに他者であるという想像」の中の過去・未来とは、生物学的な誕生以前や死後や、やはり生物学的な覚醒以前や入眠以後のことよりも、純粋に現象学的に、知覚的現在以前と以後のことと考えねばならない。

　このように転生の単位を極微時間よりも幅のあるものにとっても、また新たな問題が持ち上がる。一つは、《絶対のここ》が「渡辺恒夫」に位置していない圧倒的に長いその人生を、「渡辺恒夫」は、「今」に比べて「根源性が劣る」状態で、もしかしたらゾンビとして生きてきたのかという疑問である。この点に関して、三浦のいう「グルジエフ効果」が参考になる。かつて拙著（註（25）の文献、二一七頁）で紹介したことだが、イスラム神秘主義スーフィーの導師グルジエフによると、「自分がいまここにいる！」と反省的に意識している瞬間しか、意識があるとは言えない。三浦はかつてこのアイデアを取り上げてグルジエフ効果という言葉を作り、宇宙論における人間原理の考察に生かしたことがある。[27]意識は対象物ではなく、意識があることを反省的に確認されなくとも存在していると想定することは背理に違いないので、グルジエフ効果は考慮に値する。《絶対のここ》は、私が《絶対のここ》を自覚している間しか、私の元にとどまらないのである。そして《絶対のここ》の自覚こそ、本章で最初から、自我体験の名を付けて考察してきた当の体験に他ならない。

すると、自我体験の報告者の割合はせいぜい大学生で二〇～三〇％というところから（註（6））、「自他の等根源性」の基準に達して《絶対のここ》が立ち止まるのは一握りになってしまうという疑問が出るだろう。けれども、自我体験回想率が年齢とともに衰微することから、誰でも幼少期に一度はこの体験をするが覚えていないのだと推測できる。また、組織的調査はないとはいえ自我体験の第二のピークが自己の死を意識する老年期にあるフシもあるので（註（21）の文献、一六七頁）、「生涯に少なくとも誰でも一度」説はさらに信憑性が出てくる。

残された問題・難問はまだまだ数多いが、他の文献を参考にしていただきたい。[25]念のため付け加えると、「他者の実在確信は、私がその他者であるという虚構的志向意識と、いつかその他者であった／になるという時間的志向意識の協働から生まれることになる」というヘルトの指摘はフッサール他者論への批判であり、ヘルト自身はまったく別の他者論を展開している。[16]けれども私にとってはは批判的でなくそのまま受容することが可能であった。他者経験が空想＋時間意識からなるというのは、私自身の他者経験を見事に言い当てていると思われたからである。また夢の現象学的分析でも、夢世界ではハリーポッターのような虚構他者にも身近な実在他者にも区別なく変身することができることの現象学的解明に、このヘルトの理論は適用できる。[19] 現象を巧みに説明できる理論はそれだけ信憑性を増すのである。

最後になったが、伝統的な意味での輪廻転生観の発生の根源にも、自我体験・独我論的体験のような体験的根源を発掘できるのではないかという見通しを、私は抱いている。古代インドは無理としても、インド的死生観を表明する近現代の文学者や科学者の中には、物理学者シュレーディンガーやフランスの作家ジュリアン・グリーンのように、自伝的作品に自我体験の形跡を発見できることがある。[28] これは比較思想の新たな課題として発展させたいが、「まえがき」でいう、人文死生学が人文学の復権に別の角度から寄与する可能性の一端としても触れておきたい。[29]

註

（1）コーンスタム、D『子どもの自我体験』渡辺恒夫・高石恭子訳、金子書房、二〇一六年（Kohnstamm, D. H. *Und plötzlich wurde mir klar: Ich bin ich!*, Hans Huber, 2004）参照。コーンスタムはオランダ人であるが、「訳者解説」に日本における自我体験研究の歴史が紹介されている。

（2）渡辺恒夫・高石恭子編『〈私〉という謎——自我体験の心理学』新曜社、二〇〇四年。

（3）Spiegelberg, H. "On the 'I-am-me experience' in childhood and adolescence," *Review of existential Psychology and Psychiatry* 4: 3-21. 1964.

（4）稲垣足穂「兜率上生」『稲垣足穂大全第四巻』現代思潮社、一九七三年、三五二–三六〇頁。

（5）「足穂はその孤立によって文学的栄光に包まれた作家であり、文壇を俗世間と同一視する資格を確実に持っている作家である。足穂的宇宙に匹敵する思想を持った現在の小説家は、おそらくは埴谷雄高氏一人を除いて、他には誰もいないのである。それは壮大な島宇宙のように宇宙空間の彼方に浮んでおり、われわれの住んでいる太陽系は、それに比べれば裏店の棟割長屋にすぎない。」（三島由紀夫『作家論』中公文庫、一九七〇年）

（6）ここで参考までに、自我体験について現在まで分かっていることを紹介しておく。自我体験とは自己の自明性が突然揺らぐ体験で、⑴驚き「私は私だ！」、⑵訝り「私は本当にX・Yなのか？」、⑶問いかけ「私はなぜここに居るX・Yであって他の誰かではないのか？」、⑷おののき（独我論的体験）「世界中で私であるのはX・Y一人なので X・Yは唯一で、だから特別だ!?」、という四要素のいずれかを備える。「⑷おののき」を独立させて独我論的体験と呼び、「自我体験・独我論的体験」と並置することもある（「X・Y」には、各自自分の名前を入れて読んでいただきたい）。前述のスピーゲルバークの一九六〇年代の研究以後は、前世紀末から今世紀初より日本とオランダで細々と調査研究がなされて来たが、年齢分布は三〜一五歳、初発のピークは八〜一〇歳、大学生での回想報告率は二〇〜三〇％、年齢と共に記憶が衰微する等、ほぼ全貌が明らかになりつつある（註（1）（2）の文献を参照）。

（7）二〇〇〇年頃から、この事例を皮切りに、似たような「独我論的体験」の自発的事例が、筆者が所属していた理科系大学の学生の間から、幾つか寄せられるにいたっている。筆者はこれらの事例をもとに、「隠れ独我論者」の存在を推定し、拙著『フッサール心理学宣言』（註（10）の文献）の第一章を「世に棲む独我論者」と題して考察を行っている。

（8）木村敏『異常の構造』講談社現代新書、一九七三年。

（9）ブランケンブルグ『自然な自明性の喪失』木村敏・岡本進・島弘嗣訳、みすず書房、一九七八年（Blankenburg, V. W., *Der Verlust der Natürlichen Selbstverständlichkeit: Ein Beitrag zur Psychopathologie Symptomarmer Schizophrenien*. Stuttgart: Ferdinand Enke Verlag, 1971.）

(10)渡辺恒夫『フッサール心理学宣言――他者の自明性がひび割れる時代に』講談社、二〇一三年。
(11)渡辺恒夫『他者問題で解く心の科学史――心の科学のための哲学入門2』北大路書房、二〇一四年。
(12)フッサール、E『デカルト的省察』浜渦辰二訳、岩波文庫、二〇〇一年。(Husserl, E., *Cartesianische Meditationen: Eine Einleitung in die Phänomenologie*. Feliz Meiner, 1977)
(13)日本で知られているのは、廣松渉『フッサール現象学への一視角』青土社、一九九八年。
(14)フッサール、E(2001)『ヨーロッパ諸学の危機と超越論的現象学』細谷恒夫・木田元訳、中央公論社、二〇〇一年。(Husserl, E., "Die Krise der Europanische Wissenschafts und transzendental Phänomenologie." In: *Husserliana Bd.VI*, Den Haag: Martinus Nijhoff. 1953.)
(15)渡辺恒夫「フッサール他者論の時間差解釈」http://phsc.jp/dat/rsm/20130616ama4.pdf 科学基礎論学会二〇一三年度総会と講演会(於大阪大学)、二〇一三年。
(16)ヘルト、K「相互主観性の問題と現象学的超越論的哲学の理念」坂本満訳、ロムバッハ、リクール、ラントグレーベ他『現象学の展望』新田義弘・村田純一編訳、国文社、一九八六年、一六五―二一九頁。(Held, K. "Das Problem der Intersubjectivität und die Idee einer phänomenologischen Transzendentalphilosophie". In: *Perspektiven transzendentalphänomenologischer Forschung*, U. Claesges and K. Held (eds.), Den Haag: Martinus Nijhoff, 1972.)
(17)『デカルト的省察』に散見される他、フッサール『間主観性の現象学Ⅲ』(浜渦辰二・山口一郎編訳、ちくま学芸文庫、二〇一五年)中の「感情移入する準現在化は、私固有の生の過去を想起するに似ている」(四九二頁)といった文章などを参照。
(18)アメリカの現象学者A・J・スタインボックは、「与えられることができないものとして与えられる『現象』」を「限界現象」と名づけ、「無意識、眠り、誕生と死、時間性、他の人格、他の世界、動物や植物の生、地球、神などを、含むことができる」(二二〇頁)という(「限界現象と経験の限界性」神谷英二訳、『現代思想』一九九二年五月号、二一八―二四三頁)。

（19）渡辺恒夫『夢の現象学・入門』講談社選書メチエ、二〇一六年。
（20）Appräsentation は、Ad（に向かって）+Präsentation の意であり、『現象学事典』（木田他、一九九四年）では「付帯現前化」（一二三八-一二三九頁）と訳されている外、『デカルト的省察』の船橋訳（一九七〇年）では「間接呈示」、浜渦訳（二〇〇一年）では「共現前」と訳されているが、本章では「向現前化」と訳した。その方が日本語の語感として、他者の実在を確信して現前化に向かいながらも決して現前しないという、もどかしさが伝わると思うからである。
（21）渡辺恒夫『自我体験と独我論的体験』北大路書房、二〇〇九年。
（22）Parnas, J. and Sass, L. A., "Self, solipsism, and schizophrenic delusions", *Philosophy, Psychology and Psychiatry* 8（2-3）：101-120, 2001.
（23）渡辺恒夫『輪廻転生を考える——死生学のかなたへ』講談社現代新書、一九九六年。
（24）スマリヤン、R『哲学ファンタジー』高橋昌一郎訳、丸善、一九九五年、一二三五頁。
（25）渡辺恒夫『〈私の死〉の謎——世界観の心理学で独我を超える』ナカニシヤ出版、二〇〇二年。
（26）Pockett, S., "How long is 'now'? Phenomenology and the specious present." *Phenomenology and the Cognitive Sciences* 2: 55-68, 2003.
（27）三浦俊彦『多宇宙と輪廻転生』青土社、二〇〇七年。
（28）「事例シュレーディンガー」については、註（25）の文献の第五章に詳しい。「事例ジュリアン・グリーン」は、グリーン、J『ヴァルーナ』（高橋たか子訳、人文書院、一九九六年）を参照。
（29）本章は、比較思想学会第四六回大会（二〇一六年）「パネル：思想としての生命3」における提題「フッサール現象学による幼少期の自我体験の解明から輪廻転生観へ」に基づいている。招聘していただいた冲永宜司氏に感謝したい。

［コラム］人文死生学研究会創生のころ……………重久俊夫……………

人文死生学研究会というものを思いついたのは心理学者の渡辺恒夫氏だが、私が渡辺氏のことを初めて知ったのは、一九九六年に、氏の新刊書である『輪廻転生を考える』（講談社）を読んだ時のことだった。そのころ、インド仏教に刺激されて自我と時間の虚構性について考えていた私は、心理学という異分野からの着想ではあるが、よく似たことを考える人がいるものだと驚いた。

私は自分自身の思索の成果を、二〇〇二年の三月に『夢幻論――永遠と無常の哲学』（中央公論事業出版）と題して出版した。その年の秋、かつて読んだ『輪廻転生を考える』を思い出し、著者の渡辺氏に『夢幻論』を送呈した。礼状をいただき、その後、何回かメールで意見を交換することになった。渡辺氏が『〈私の死〉の謎――世界観の心理学で独我を超える』（ナカニシヤ出版）を出版したのも同じ年だったので、それについて感想を記したのを覚えている。

関西在住の私が初めて氏と会ったのは、二〇〇二年の一一月二一日、木曜日の夕方だった。研究会の関係で京都に来ていた渡辺氏と大阪で落ち合い、ＪＲ大阪駅の隣にあるメキシコ料理店の〈チコ&チャーリー〉で食事をしながら、いろいろなことを話し合った。その時すでに、渡辺氏は、〈一人称の死〉について考える研究会の構想をあたためていた。しかも、ネット上で見かけたという「人文死生学」という名称も、すでに決めていた。

こうして、人文死生学研究会の開催が決まった。タイムテーブルの作成も提題者の人選も参加を呼びかける告知もほとんど氏が担当し、私はもっぱら会場探しを請け負った。

第一回目の研究会は、二〇〇三年三月二九日の土曜日。場所は、大阪・淀屋橋の中之島中央公会堂、地下一階の第一会議室だった。宗教学、トランスパーソナル心理学など、多様な分野の研究者に、在野の哲学研究家を含めて二〇人程度の参加があり、提題者は、仏教学者の谷貞志氏だった。（谷氏が、『無常の哲学——ダルマキールティと刹那滅』（春秋社）を出版したのは、『輪廻転生を考える』が出たのと同じ一九九六年である。）

当日は、午前一一時四五分に開会し、谷氏が七世紀の仏教論師ダルマキールティによる「刹那滅論証」について講演。その後、中央公会堂のレストランで食事をしながら歓談し、午後は三時半ごろまで、「人文死生学の可能性」についてディスカッションを行った。

第二回目の研究会は、二〇〇四年三月二七日の土曜日。場所は、東京・下高井戸の日本大学・文理学部だった。インド哲学（唯識思想）を研究する合田秀行氏が日大での会場設定と当日の司会を担当した。『唯心論物理学の誕生』（海鳴社）の著者である物理学者の中込照明氏を始め、自然科学系の研究者から数人の僧侶まで、前年同様二〇人程度の参加があった。また、哲学者の三浦俊彦氏の初参加もこの年だった。

当日は、渡辺氏と私が前回の討論を振り返って報告し、後半は、三浦氏が科学哲学的な観点から議論を展開した（その内容は、後に修正・増補されて「人間原理から輪廻転生へ」という論考となり、さらに後に、『多宇宙と輪廻転生』（青土社、二〇〇七年）に結実する）。こうして、午後一時一五分から六時ごろまで、文字通り〝多分野〟の参加者による闊達な討論が実現した。午後一時過ぎに開会するというパターンもこの年から始まったものである。

三回目は、二〇〇五年三月二七日の日曜日。大阪の阪急梅田駅上階にある「阪急ターミナルスクエア17」で開催した。前年に続いて三浦氏が「人間原理」を話題に取り上げ、人間原理にもとづく多宇宙論証について自説を展開した。

　当初はこのように東京と関西で交互に開くことを予定していたが、関西では会場の確保や参加者の出席に不便であることが明らかになり、翌年からは、「心の科学の基礎論研究会」との共催という形になり、お茶の水の明治大学を毎年会場にしている。

　二〇一七年度で、人文死生学研究会は一五回目となった。今日、死生学という言葉は流行語になっているが、そのほとんどはターミナルケアのノウハウか、死生観に関する歴史研究であって、〈私〉自身の〈一人称の死〉を考えるものではない。（まして、「輪廻転生を考える」ことなど、通常はありえないと思われる。）そうした意味で、人文死生学研究会の存在は希有なものであり、もしも将来、『二一世紀の思想史』といった書物が書かれるとすれば、特筆すべきエピソードの一つではないかとさえ思う。

第5章
ナーガールジュナから構想する生と死のメタフィジックス

重久俊夫

もろもろの煩悩も業も身体も行為主体も、
すべては蜃気楼と同じであり、かげろうや夢に似ている。

何ものも、同一ではなく別異でもない。
断絶することもなく、恒存することもない。
これが、人々を導くもろもろのブッダの、甘い露のような教えなのだ。

（『中論』第一七章第三三詩、第一八章第一一詩）

5・1 はじめに

私が死んだらどうなるか？　輪廻転生というような事態が、本当にありうるのだろうか？

これらが、本章の課題である。もちろん、〈一人称の死〉、すなわち〈私自身の死〉について考えることは、私が現に生きているとはどういうことかを考えることでもある。

本章では、紀元二世紀に生きていたインド仏教の論師、ナーガールジュナの思想を導きの糸として、この問題を考察する。

もともと仏教の理想はすべての執着を捨て去ることであり、死への不安も生への妄執も、〝比類のない私〟への執着も、すべては克服すべきものである。ナーガールジュナの〈空〉の哲学は、そうした執着への知的な解熱剤であった。また、輪廻転生は当時のインド人には自明なものであり、ナーガールジュナの哲学でも当然のように言及されている。しかしそれも、最終的には〈空〉の中に解消すべきものであり、伝統的な輪廻思想がそのまま受容されていたわけではない。そうしたナーガールジュナの哲学が、本章で展開される形而上学の発想の源なのである。

ただし、彼の議論は体系的な論証ではなく、それに対する後世の解釈も錯綜している。従って、そのままの形で提示しても、現代人が納得できるとは考えにくい。単なる歴史研究にとどまらず、われわれ自身の〈死〉の考察であるためには、どこまでも現代的な視点から論理を再構築することが必要であろう。本章で試みるのはそうした研究であって、それゆえ、ナーガールジュナの思想そのものには、思想史的に特筆すべき箇所に限り、言及することにしたい。

また、この研究はあくまでも〈哲学〉であり、言葉（概念）による論理的推論を通して世界をモデル化し、日々の常識では絶対に知ることのできない現実世界の真相にアプローチするものである。それゆえ、死生学といっても、瞑想や実存体験などに結びつけるつもりはない。もちろん、言葉や理性には限界があるし、哲学的推論の多くは実験や観察で実証できず、演繹的分析で証明できるとも限らないものだ。しかし、たとえどれだけ限界があっても、一方では、言葉でなければ解明しえないこともある。ナーガールジュナも、「世俗の表現に依存しないでは、究極の真理を説くことはできない。究極の真理に到達しないならば、ニルヴァーナを体得することはできない」（『中論』第二四章第一〇詩）と説いている。真実在そのものは言葉を超えているとしても、われわれをまさに〈その場所〉まで導き、そこにあるものを着実に指し示してくれるのは、何よりも言葉による論理ではないだろうか。

5・2　輪廻転生を考える

思考実験

生きているということは、感覚・知覚・思惟・感情などのさまざまな出来事が、意識現象として経験されることである。〈私の死〉にまつわる考察の第一歩も、そうした意識現象の反省から始まる。最初に、次のような意味内容を持つ、六つの意識現象を考えてみよう。

意識現象Ａ１　〈ぼくはシャーリプトラで今日は一月一日。昨日までの記憶はあるが、明日以

降のことは分からない。〕
意識現象A2〔ぼくはシャーリプトラで今日は一月二日。昨日までの記憶はあるが、明日以降のことは分からない。〕
意識現象A3〔ぼくはシャーリプトラで今日は一月三日。昨日までの記憶はあるが、明日以降のことは分からない。〕
意識現象B1〔わたしはスブーティで今日は一月一日。昨日までの記憶はあるが、明日以降のことは分からない。〕
意識現象B2〔わたしはスブーティで今日は一月二日。昨日までの記憶はあるが、明日以降のことは分からない。〕
意識現象B3〔わたしはスブーティで今日は一月三日。昨日までの記憶はあるが、明日以降のことは分からない。〕

普通、われわれは、A1→A2→A3という順序で現象が生起していると考える。しかしもしも、A3→A2→A1という順序であっても、これらの意識現象を体験している者にとっては、体験の内容自体は同じものになるはずである。

なぜならば、われわれは、各々の瞬間において、その意識現象の中に完全に閉じ込められており、外をうかがって複数の現象を直接見比べることができないからである。それゆえ、たとえば「A3」という領域の中では、一月二日までの過去が本当は存在していなくても、「時間は、遠い昔から日付け通りに、一月三日まで流れて来た」と確信しているわけである。その他の瞬間においても、事情はみな同じなので、世界が時間的に逆流し出しても、中にいる者が体験する世界は、もとのままで変わることはない[1]。(ただし、各々の意識現象を誰かが体験しているように書いているのは、説明の便宜上の仮の表現である。実際には、意識現象はただ「現れている」としかいいようのないものであり、意識現象とは別個の〈誰か〉が〈それ〉を体験していると考える必要はない。)

さらにいえば、世界が、A2→A1→A3という完全にランダムな順序であっても、やはり「時間は正常に流れている」という刻々の体験自体は何一つ変わらない。また、A2→A1→B3→B2のような、AとBが入り交じったケースでも同じことである。シャーリプトラがスブーティに変わった瞬間、「自分ははるか以前からずっとスブーティだった」という確信の世界に閉じ込められ、入れ代わりという奇蹟が生じても、誰も何も気がつくことはないだろう[2]。

〈関係〉がありえない世界

しかし、そもそも、意識現象と意識現象との間に、順序というものが本当にあるのだろうか?結論からいえば、現象相互間には、上下・左右・時間的先後などのいかなる〈関係〉もありえない。分からないとか不確定だというのではなく、根本的に存在しえないのである。なぜなら、上下・左右・先後などの〈関係〉は、〈一つの現象の内容〉として現れるものだからである。すべての形あるものは各々一つの現象なのであり、現象相互の〈間〉には何ものも存在しない。もし何かがあるとすれば、それ自体が一つの別の現象になってしまう。(もちろん、この場合の〈現象〉は意識現象を指すが、それと、いわゆる物理的存在者との関係については第5・5節で後述する。)

従って、もしも現象相互間に、上下・左右・先後などの〈関係〉を認めようとすれば、すべての現象を含む一つの〈超現象〉(S)を想定しなければならない。そこで、視覚・聴覚・思考などのすべての内容を含んだ〈一瞬の意識現象〉を一枚のスナップ写真にたとえ、無数のスナップ写真が整然と配列された無限大のホワイトボードを考えてみる。〈超現象〉Sとは、そうしたものであり、たとえていえば、〈世界を見渡す神の視野〉である。問題は、そうした超現象Sが本当にありうるのかということである。

まず、「現象Aが経験されている」という場合、Aだけが今ここに現れているのであって、A以外の内容が混入することはありえない。一方、〈現象A、現象B、現象Cなどをすべて含んだ超現象Sが現れている〉(比喩的にいえば、〈神が世界Sを見ている〉)場合、S全体が一まとまりの単一の現象である。それゆえ、〈Sの中のA〉とは〈B・C・Dその他もすべて同時に視野に入った状態のA〉である。そうすると、〈単独で現れている現象A〉と〈超現象Sの中の現象A〉とは同じものではないことになる。つまり、前者がSの中に含まれているとはいえず、それゆえ、〈すべての現象を含んだ超現象S〉とは偽りなのである。そして、超現象Sが存在しえない以上、現象相互の〈間〉というものもありえない。こうして、現象相互間にはいかなる〈関係〉も存在しないことが結論づけられる。

このことは、日常の常識をはるかに超えた世界観を指し示している。そこでは、さまざまな現象が「時間的に流れる」ということ自体がありえないのである。

Ａ１が生起している時には、Ａ２以下はいかなる意味でも生起していない。それらは、Ａ１の〈前〉にあるのでもなく、〈後〉にあるのでもなく、別の場所にあるのでもない。それはただ「今ここにはない」としかいいようのないものである。それゆえ、Ａ１が生起するための唯一の根拠とは、「Ａ１以外のものが今ここにはない」という事実（すなわち、Ｘと非Ｘとの間の排他的相互依存関係）でしかないのである。

このように、この世界のすべての現象は、排他的相互依存関係（これを「縁起」と呼んでおこう）に従って、互いに交代しながら無限に生滅し続ける。それらの生起にはいかなる順序も位置関係もなく、また、同じ内容の現象が何回生起していても、気づくことも区別することもできない。

もとより、「一切関係がない」という関係で並んでいるものを想像するのは、至難のわざであろう。想像したとたんに、われわれは何らかの配列を勝手に思い描いてしまうからだ。従って、それは、決してイメージすることのできない世界であり、文字通りの意味で、〈不可思議な世界〉なのである。

ここで、本章の発想の源であるナーガールジュナに登場してもらおう。仏教思想では、この世界を空（シューニヤ）と考えるが、それは、「いかなる事物にも自性（スヴァバーヴァ）がない」ということである。自性とは〈永遠不変の本質〉のことであり、従って、通常は、「空とは万物が変化することだ」と理解されている。しかしながら、ナーガールジュナの空は、そういう当たり前のことだけをいっているわけではない。変化する際の順序関係もまた自性であり、それも存在しないということなのだ。だからこそ、この世界は〈蜃気楼や、かげろうや、夢〉のように幻だといえるのである。(3)

この点は、ナーガールジュナの『中論（マディヤマカ・カーリカー）』第一九章で次のように証明されており、本節の議論と完全に一致するものである。(4)

もしも現在と未来とが過去に依存しているのであれば、現在と未来とは過去の時のうちに存するであろう。（第一詩）

もしもまた現在と未来とがそこ（過去）のうちに存しないならば、現在と未来とはどうしてそれ（過去）に依存して存するであろうか。（第二詩）

さらに過去に依存しなければ、両者（現在と未来）の成立することはありえない。それ故に現在の時と未来の時とは存在しない。（第三詩）

これによって順次に、残りの二つの時期（現在と未来）、さらに上・下・中など、多数性などを解すべきである。（第四詩）

敷衍して解説すれば次のようになろう。過去・現在・未来とは、時点と時点との相互関係に他ならない。そして、AとBとの〈関係〉は、両者をつつむ共通の場所において初めて成立するものである。しかし、過去と現在とをつつむ共通の場所は、過去でもなく現在でもない。従って、それは、どこにもありえないということになる。こうして、〈関係〉は存立不能となり、時間の先後関係は否定される[5]。

死の超克

次に死について考えてみよう。冒頭の意識現象A1〜B3に登場するシャーリプトラが、一月三日の夜に死んだと仮定しよう。シャーリプトラが一月三日に死ぬということは、意識現象A3の続きの内容を持った意識現象がどこにも存在しないということである。どんな現象でも必ず一瞬で滅するわけだが、意識現象A3が生じ終わった後のシャーリプトラは、一体どうなるのだろうか？

現象相互間に順序関係がない以上、A3以外のすべての現象はA3に対して〈先〉でも〈後〉でもない。また、特定の現象だけが、特定の現象の〈後〉につながるわけでもない。〈先〉〈後〉という概念自体が意味をなさないわけだが、説明の便宜上、〈後〉という言葉を仮に使うならば、世界中のすべての現象がA3の〈後〉に来るといってもよい。それは、A1でもあり、A2でもあり、B1でも、B2でもありうる。すなわち、一月三日の〈直後〉に来るものは、一月二日でもあり、一月一日でもあり、一二月三一日でもある。シャーリプトラの〈直後〉に続くものは、シャーリプトラでもあり、スブーティでもあり、アーナンダでもある。それゆえ、自己は〈次〉の瞬間には、同じ自己でありながら、同時に無数の他者にもなるわけであって、〈私〉の連続性（自己同一性）は幻想に過ぎない。

従って、もしも私が死んだなら、その〈後〉には、子ども時代の私が子ども時代の生活を続けているだろうし、学生時代の私が学生時代の生活を続けているだろう。アショーカ王として生きる生もあれば、犬やカエルとして生きる生もあるだろう。死んだ私は、「これらのすべてになった」、そして「これらのすべてになって、何事もなかったかのように、各々の生を生きているのだ」といってよいわけである。

このように、〈空〉の世界観は完全な消滅という意味での死を許さない。この私の人生というドラマの続編はなくても、他のあらゆる現象（存在者）に向けて漂流し、終わることがないのである。これは、ある意味では、インドの輪廻（サンサーラ）説に近い。ただし、ヒンドゥー教とは異なり、転生してゆく主体となる〈不滅の自己（アートマン）〉は想定しない（この点は、仏教思想の大原則でもある）。また、何か一つの存在者に向けて転生するのでもなく、すべての現象（存在者）に向けて転生するわけである。さらにいえば、〈死んだ〉時にだけ輪廻転生が起きるのではない。個々の瞬間が終わるたびごとに、〈私〉は世界のあらゆる現象に向けて転生してゆくことになる。

こうした〈不死〉の認識は、われわれの生き方にどういう影響を与えるだろうか。誰しも自分の人生（たとえそれが、意識現象Xの中の幻想だと分かっていても）に執着を持っているので、気軽に死ぬわけにはいかないはずである。逆に、現状が耐えがたい苦痛に満ちていれば、自殺することで今のドラマを終わりにしたいと思うかも知れない。そうした執着や衝動に関しては、何も変わらないと考えられる。また、たとえ死んでも〈憂いのない場所〉に直行することができないとすれば、生の苦しみはより一層重くなるが、死に対する誘惑もまた水をさされることになろう。

ただし、やむをえない事情から、どうしても死なねばならない状況にたちいたった場合、〈不死〉を知ることで、死に対する不安を緩和する効果は期待できる。もし、「今の自分の生が死によって否定されるならば、その〈後〉に別の記憶を持った生が来るとしても、なぐさめにはならない」という執着心の強い人がいるとすれば、次のようにいうこともできるだろう。「あなたがそれほど執着している今の自分の生も、一瞬〈前〉の別の誰かの生を否定することで生じたものなのだ」と。

5・3 〈私〉というもののはかなさを考える

仮想時間の生成

世界を構成する諸現象が、互いに一定の関係を持たない、変幻する蜃気楼であったとしても、意味内容上連続した現象どうしは、連続した〈ドラマ〉として経験されるに違いない。

意識現象C1　〔ぼくはシャーリプトラで、今は一時一分。直前までの記憶はあるが今後のことは分からない。〕

意識現象C2　〔ぼくはシャーリプトラで、今は一時二分。直前までの記憶はあるが今後のことは分からない。〕

意識現象C3　〔ぼくはシャーリプトラで、今は一時三分。直前までの記憶はあるが今後のことは分からない。〕

Ｃ1、Ｃ2、Ｃ3がどういう順序で生起しても、あるいは相互に何の順序も存在していなくても、シャーリプトラである〈私〉は、一時一分から一時三分までの時刻通りの時間経過を経験するはずである。意識現象の中の意味内容上のつながりのあるものが、ただ「意味内容上のつながりがある」という事実の結果として、おのずから結びつき、「一つの連続した流れ」として浮かび上がってくるからである。こうした体験を、ここでは〈仮想時間〉と呼んでおこう。

ナーガールジュナもまた、〈意味づけられた経験〉に注目して、それを「仮に設けられたもの」（ウパーダーヤ・プラジュニャプティ）と呼び、空である世界と二重構造をなすと考えた。『中論』第二四章第一八詩は、そのことを次のように表している。「縁起するものをわれわれは空と説く。それは仮に設けられたものであって、それはすなわち中道である。」

しかし、そうした整合的な内容を持つ意識現象群が、本当に実在するという保証はない。もしもそういうものがなく、仮想時間が生じていなかったとしても、〈今ここ〉の一瞬の中で「時間は流れている」と思い込んでしまえば、その瞬間における限り、仮想時間を体験してきた場合と区別がつかないことになる。つまり、仮想時間の流れが生じているならばわれわれはそれを体験しているし、生じていなければ体験していないわけだが、〈今ここ〉で立ちどまって、実際はどちらなのかを反省しても、決して判別はできないということである。

仮想時間が体験されるための条件は、意識現象の中に、過去の記憶が含まれ、かつ、それらがＣ1〜Ｃ3のような整合性を持っていることである。

もっとも、一瞬の意識現象はきわめて短〈時間〉であり、中に含まれる記憶の量も微量なものでしかない。しかし、そこからショート・スパンの仮想時間がまず成立し、次に、その流れの全体が、より大容量の記憶を含んだ一まとまりの意識（C1〜C3のような）となって、さらにロング・スパンの仮想時間を生成してゆくと考えられる。

記憶の現れには、(a) 今ここでの経験が過去の経験と二重写しになる、既視感に類する感覚、(b) およそ三秒以内の直近の過去が現在と一体化して現れる〈過去保持〉、(c)（通常は言葉を介して）遠い過去を思い出す〈想起〉がある。

また、〈流れる時間〉という幻想の中では、過去は実在するものだが、未来はいまだ実在しない。それゆえ、過去に関する記憶は、仮想時間の流れを生々しく生み出すための不可欠な素材であり、一方、未来に関する予測の方は、ごく補助的な役割にとどまっているといわなければならない。

時の流れのグラデーション

意識現象どうしの内容上の整合性も、仮想時間の流れを生み出すための重要な条件であり、そうした意識の内容次第で、発生する仮想時間にも、明晰さ、一貫性、奥深さなどのさまざまな違いが生じる。遠い過去（あるいは未来）まで明確に見渡し、長期にわたって首尾一貫した仮想時間は、比較的予測可能な合理的世界を出現させてくれる。これに対して、夢の中の経験は、たとえ仮想時間の流れを生じても、混沌としたショート・ストーリーを発生させるに過ぎない。

仮想時間のストーリーは途中で薄れたり途切れたりすることもあるだろうし、ＳＦ的な可能性としては、（Xの内容に続くべきものが、YでもZでも構わないというように）ドラマが枝分かれすることもありうるだろう。逆に、XとYの両方がZにつながるような、ストーリーが合流するケースも出てくるかも知れない。眠ればドラマは途切れるが、起きた時に、意識が寝る前と意味上つながっていれば、同じ人生の連続だということになる。死ねば完全に途切れるが、別の意識現象において、死ぬ前と意味上つながった内容（たとえば、生前のことをよく覚えているというような）があれば、仮想時間としては連続していることになり、生まれ変わりとか復活ということになる。そういうことがありうるかどうかは疑問だが、仮想時間の流れといっても、あくまで〈仮想〉でしかないわけだから、長いドラマとして一本につながってもつながらなくても、結局は程度の問題である。〈私〉の連続性（自己同一性）もまた、そうした仮想時間の上に成り立つ以上、同様の、混沌とした、捉えどころのないものであって何ら不思議はない。

ただ、日常の自覚の中では、われわれは〈私の人生〉という仮想のドラマに閉じ込められていると感じる。〈私の人生〉という仮想の檻が断絶するのは死（臨終）の時だけだと思われており、そのことが、輪廻転生を、死の時にのみ起きると〈錯覚〉させる原因である。

5・4 永遠と無常を考える

永劫回帰

経験にもとづいて確実にあるといえるものは、今ここの〈私〉の意識現象だけである。それ以外のものは今ここには存在せず、それらが本当にあるのかどうか、あるとすればどういうものかを断定することはできない。(さまざまな仮定のもとに〈推測〉はできるが、直接的に知ることはできないという意味で、「不可知」と呼んでおこう。)

今ここの〈私〉の意識現象以外は一切実在しないという考えが独我論であり、それは、可能性としては排除できない。そこで、全世界が、今ここの現象〈A〉一つだけだと仮に想定する。しかし、その場合でも、世界は次の条件を満たしていなければならない。

1　一つの現象は、現に今ここに現れたものでなければならない。
2　一つの現象は単一の瞬間からなり、〈変化〉も〈持続〉もその中には含まれない。
3　一つの現象の〈今ここでの現れ〉は一度きり(一回生起的)である。
4　何かがある。何もないということはない。

3の一回生起的というのは、今ここの現象が、あくまでも〈この一つ〉であることを表している。全く同じ内容の現象が別の所で生じても構わないが、〈今ここ〉での現れそのものは、あくまでも〈この一つ〉である。(二つ以上の〈現れ〉の重ね合わせではない。)

一方、4は、虚無というものを否定する趣旨である。意識現象も物理現象もなく、時間も空間も何もない完全な虚無というのは、そういう状態がそもそも「無い」というのと同じことである。眠った瞬間の後に〈無〉があって、その後で目が覚めたとすれば、その人にとっては、眠った瞬間の次が起きた瞬間であろう。もちろん、「ゼロ」とか「空集合」といった無を指示する記号はあるが、記号はあくまでも記号でしかない。「虚無に帰する」というと、人々は往々にして「虚無に帰した状態で生きている」ように想像しがちだが、虚無は状態ではなく、虚無に帰した状態で生きるわけでもない。つまり、虚無とは経験することもイメージすることもできない、不可解なものなのである。「はじめに」でも述べたように、われわれが世界を理解するには、世界をモデル化することが必要だ。だが、虚無のような明らかに不可解な概念を含むモデルは、却下せざるをえない。許容しうるモデルは、〈現象世界が決して終わることのない〉ようなモデル（世界観）であり、4はそのことを述べているのである。（個人が死んで「無に帰する」というのも同様に不可解である。多くの人は、他人や自然界が後に残るなら、自分だけが死んで虚無に帰しても不思議はないと思うようだ。しかしそれは、暗黙のうちに輪廻転生を導入し、想像の中で、他人や他の物体に乗り移っているのであって、自分自身が虚無に帰することの不可解さを真剣に受けとめていないのである。）

結局、1〜3に従えば、現象Aは、現に現れるけれども、変化も持続も含まない一瞬の現象であり、しかも〈今ここでの現れ〉としては一度限りのものである。つまり、Aは、文字通りあっという間の、きわめて限られた現れ方をしているということである。しかし4は、世界が無限であり、現象はどんな場合でも尽きることなく、常に必ず生じていなければならないことを示している。

両者をともに満足させる理解可能な世界解釈は一つしか考えられない。すなわち、「現象Aは、Aという同じ内容で、無限に反復して生起している」ということである。つまり、独我論といっても、それは、現象の〈種類〉が単一であるに過ぎず、同一内容の現象生起は無数でなければならないのである。その結果、個々のAは一回生起的に生滅しても、無限に生じるAは尽きることがなく減ることもない。

もちろん、〈今ここ〉は、無限に生起するＡＡＡＡＡ……の中の一つである。しかし、すべてのAは区別不能な同一内容である上に、現象どうしは一定の相互関係を持たない。従って、ＡＡＡＡＡ……の中のどのAかを特定することは不可能である。ただし、「一つのAが生起しており、残りのAは生起していない」という形での排他的相互依存関係（縁起）は、この場合でも成り立っている。

重々無尽

それでは次に、独我論という仮定を解除することにしよう。仮に世界がAとBの二種類の現象から成り立っているとする。すなわち、前節で考えたような、無限に続くＡＡＡＡＡ……を前提にして、その途中にBを含めてゆくわけである。最初にBを一つ（あるいは有限個）まぜるとしよう。そうすると、Bの生起は、〈今ここでの現れ〉としては一回きりであり、かつ、それらが有限個しか存在しないわけだから、「すべてのBが生じ終わる」という事態を認めなければならなくなる。

すべてのBが生じ終わった後の状況を考えると、そこにはただAだけが残っており、「それ以前にはBがあるが、それ以後にはBがない」という状態になっているはずである。しかしこれは、〈以前〉と〈以後〉とを区別して、〈今ここのA〉とBとの間に一定の先後関係を認めることになり、現象相互間には特定の関係がないという前節での結論に反する。それゆえ、現象Bの生起が有限回であるという前提は廃棄せざるをえない。

いいかえれば、次の四つの命題をすべて同時に充足させることは不可能なのである。

1　世界は無限であり、現象の生起は無限回である。
2　現象相互間にはいかなる関係もない。
3　個々の現象生起は一回生起的である。
4　現象Bに限って、その生起は有限回である。

1～3を否定することは困難だが、4は仮定でしかない。従って、4が否定され、この結果、現象Bは無限に生起（存在）することになる。現象の種類をC、D、Eと増やしていっても事情は同じであり、種類が無限大でも同じことである。結局、この世界における現象の内容（種類）は有限かも知れないし無限かも知れないが、その生起（存在）に関しては、どれもが必ず無限でなければならない。

このことは、「第5・2節」で述べた〈死の超克〉という死生観（死の非在論）を、より一層徹底させる意味を持つ。なぜなら、単に輪廻転生が起きるというだけでなく、それが決して尽きないことを明らかにしているからである。

説明を単純化するために、もう一度「世界はAとBの二種類だけからなっている」と仮定しよう。

そうすると、この世界においては「無限のＡと無限のＢとが互いにいかなる関係もなく、ただ排他的相互依存関係のみに従って生起している」ということになる。それはいいかえれば、「個々の現象生起は一回生起的なものではあるが、ＡもＢもともに無限に生起するため、それらが尽きることはない。また、今ここのＡ（またはＢ）が、どのＡ（またはＢ）なのかは一切区別できない」ということである。

しかしこのままでは、われわれはそれを具体的にイメージすることができない。そこで、本来は先後、左右等のいかなる関係もないが、便宜上、時間的先後関係があるかのように表現してみることにする。そうすると、「Ａが生じている時、それ〈以前〉にも、それ〈以後〉にも無数のＡとＢがある」ということになる。

しかしこれでもまだ、具体的なイメージには程遠い。そこでこれをさらに変形し、一本の時間軸上を、現象が順を追って継起するかのように並べてみよう。

↓Ａ　↓Ｂ　↓Ａ　↓Ｂ　↓Ａ　↓Ｂ　↓

本当は、今ここのＡ（またはＢ）がどのＡ（またはＢ）なのか区別できず、どれがどういう順序で生起しているのかも確定はできない。しかし、便宜上「ＡＢＡＢＡＢ」という順序で現象生起しているようにイメージするわけである。これにより、世界の真相の一面を、近似的な形で思い浮かべることができる。

たとえば、個々のAは一回生起的であり、たえず他と交代する〈無常〉の現象でありながら、一方では、同一内容で無限に反復される〈永遠〉の存在でもある。また、同じAの間にBがはさまれるために、AはBをのみこみ、BもAをのみこみ、互に妨げることなく、しかも変幻する世界として諸現象は展開する。現象世界を「空」、あるいは「夢幻」、あるいは「無自性」と称するのは、まさにこうした事態を指しているわけである。

無常と永遠とが矛盾なく両立するということこそ、インド仏教の最も深遠な世界観であり、従来、合理的に説明されてこなかった「存在の神秘」なのかも知れない。ナーガールジュナの著作でも、そうした世界観は、さまざまな言葉で主張されている。たとえば、『中論』第一五章には、次のように見える。

〈その本性上存在するものは、無いのではない〉というのは常住を執する偏見である。〈以前には存在したが、今は無し〉というのは断滅を執する偏見となるであろう。（第一一詩）

すなわち、永遠であること（常住）と、ある時点で滅する無常のものであること（断滅）とは、矛盾なく両立している。また、『中論』〈帰敬序〉に見える〈八不の偈〉も、同様に考えれば、理解可能である。すなわち、個々の現象は現れなくても（不生）、滅してしまうことはない（不滅）。永遠ではないが（不常）、無くなることもない（不断）。さまざまに現れるが（不一）、同じものであり続ける（不異）。どこかから来るのでもなく（不来）、去って無くなることもない（不去）。

以上で、〈一人称の死〉、すなわち〈私自身の死〉についての考察を終了する。

5・5　補論・哲学的前提を明らかにする

本章で展開した議論には、さまざまな哲学的前提が隠されており、それらの多くは、一つ一つがきわめて論争的なテーマである。本節では、それらを明示した上で、各々に簡単な説明を加えたい。ここまでの議論に説得力を持たせるには、こうした〈補足説明〉が不可欠だからである。取り上げる論点は、結論だけを列挙すれば次の通りである。（ナーガールジュナとの関係は、註で論じる。）

1　今ここの意識現象は、確実にあるといえるものである。
2　一つの現象は単一の瞬間からなり、〈変化〉も〈持続〉もその中には含まれない。
3　〈物理的存在者（物そのもの）〉とは、もしも実在するならば、意識現象と同様の一つの〈現象〉である。
4　因果関係は虚構であり、世界の現れは運命的である。

論点1　意識現象について

確実にあるといえるものは、今ここの意識現象であり、それは、視覚・聴覚・思惟・感情などのすべての内容を包括した一つの経験である。同じものを「私の意識現象」ということもできるが、その場合の〈私〉とは、意識現象が今ここに現れているということの単なるいいかえである。たとえ目の前のグラスや昨日の記憶が偽りだったとしても、そうした幻想が、意識現象として今ここにあることは否定できない。また、その内容が曖昧であっても、言葉で説明できなくても（そもそも感覚や知覚は言葉でうまく説明できないのが当然だ）何らかの意識現象が経験されていること自体は、リアルタイムで確認可能である。

もとよりここでは、そうした現象を生み出す〈主体〉（〈自我〉〈本体〉〈自由意志〉などと呼んでもよい）は考えない。あるのはただ、主・客一体の意識現象である。そもそも、〈主体〉が〈意識現象〉を生み出すという構図は、因果関係の実体化から生じるものであり、そのことは、論点4で批判することにしたい[6]。

意識現象は刻々に変化し、さまざまな内容が考えられる。「今、赤い色が見えている」というのも意識現象だし、「大きな音が聞こえている」とか「空腹でいらだっている」というのも意識現象である。しかし、「遠くに山が見える」という意識現象はどうだろうか。これは、遠近法的な空間の奥行きが体験されていることを表している。しかも、「近づけば山は一層大きく見え」「向こう側から見れば裏側が見え」「そこに登れば山は足の下の地面になる」といったさまざまな意識現象の存在を予想することでもある。しかし、〈山の地肌〉や〈山の裏側〉が今ここにあるわけではない。その意味では、遠くに見えている〈山〉や〈奥行き〉は今ここの実在ではなく、今ここにあるものは単なる視覚映像や空間〈感覚〉に過ぎない。もちろん、視覚映像といってもテレビの画面のような平面的なモノがあるのではなく、存在するのはどこまでも生々しい〈奥行き〉という感覚である。

論点2　時間の非連続性について

本章第5・2節の〈思考実験〉では、意識現象A1、A2、A3のような時間的に異なる意識現象を、別個のものとして扱った。つまり、意識現象を時間的に非連続なものとして考えているわけであり、こうした捉え方は、説明を要するものである。

たとえば、「飛んでいる矢が見える」という意識現象の場合、われわれは直観的には、動いている矢を動いている状態のままで〈今現在〉見ていると思い込んでいる。自然科学的にいえば、人間の脳が三秒程度の変化をひとまとめに認知するように出来ているのかも知れない。しかし、本当に、一つの意識現象の中に〈変化〉が含まれていてよいのだろうか。

結論からいうと、厳密な意味で単一の現象（瞬間）には、変化が含まれることはありえない。たとえば、飛んでいる矢の先端がA点からB点に進むとしよう。その場合、次の二つの事象が生起していることになる。

事象1　矢の先端はA点にありB点にはない。

事象2　矢の先端はA点になくB点にある。

事象1と2は矛盾していて同時には起こりえない。もしもAからBに動くという変化が一瞬の中に含まれるとすれば、単一の現象が1でもあり2でもあることになるが、それは矛盾である。いいかえれば、一つの現象の内容は必ず一つの確定した状態でなければならないということである。

それでは、そうした〈一瞬の現象〉とは、どれぐらいの時間生起するのだろうか。たとえば、〈一瞬（瞬間）〉の持続時間が無限小だと考えてみる。しかしそうすると、どんなに短い時間幅をとっても、必ず二つ以上の（厳密にいえば無限個の）異なる瞬間が含まれ、現象の内容は一つに確定しない。また、無限小は極限値としてはゼロだが、瞬間の持続時間がゼロということもありえない。もしそうなら、現象は消滅してしまうからである。従って、瞬間の持続時間は、無限小でもゼロでもない一定の長さということになる。そしてその中には、すでに述べたように、単一の現象だけが含まれている。

二つ以上の瞬間にわたって事象が変化していればそれは〈動〉であり、二つ以上の瞬間にわたって不変ならばそれは〈静〉である。しかし、厳密な意味で単一の現象は、動でもなく静でもない。そこにはいかなる変化も持続も含まれることはなく、それがまさに〈瞬間〉の本質なのである。(7)

また、単一の現象とは、全体が一つの現象だということである。たとえば、「一本の菩提樹の下に少女が立っている」という意識現象（視覚映像）が今ここにあるとしよう。その場合、〈菩提樹〉とは〈少女も同時に見えている状態の菩提樹〉であり、〈少女〉とは〈菩提樹も同時に見えている状態の少女〉である。少女と菩提樹の片方だけを見ることはできるが、片方だけを見た時の意識現象（視覚映像）は、同時に見た時の意識現象とはもはや別物である。従って、一つの現象は、たとえ内部に多様な要素（菩提樹と少女）を含んでいても、全体が分割不可能な一つの内容をなし、その中の一部が変化すれば、現象全体も変化したと考えなければならない。この点は、「第５・２節」の議論の大前提でもある。

一方、世界が不可分割の最小時間からなりたっているデジタルなものだとすれば、事物の動きがギクシャクするのではないかと思われるかも知れない。しかし、それは無用な心配である。まず、時間の流れとは、一瞬の単位時間の隙間のない連続である以上、十分になめらかなものであるはずだからである。

また、意識現象には記憶残像が伴うことも忘れてはならない。それはこういうことである。矢の先端がＡ点にある瞬間とＢ点にある瞬間とは別個の現象だが、〈ＡからＢへ流れるような〉内容で一つの現象が生じることもありうる。ちょうど、高速で走るものを露出時間の長いカメラで写した一枚の写真のようなものである。その場合、矢はＢ点に見えながらも、Ａ点のところまで記憶残像をひきずっており、そのような〈流れ〉を含んだ意識現象の全体が、実は一瞬の映像に他ならない。こうした記憶残像が濃厚に付着することで、われわれは〈ほんとうは〉デジタルな時間の中にいながらも、連続した運動や変化を擬似体験することができる。静止した風景をゆったり眺める時に感じる安定感も、刻々の瞬間の中に、「その風景は、ずっと静止したままで存在し続けているのだ」

という記憶残像が、一種の心象として付着しているからこそ成り立つのではないか。

このように、意識現象は瞬間ごとの非連続なものであり、〈持続〉も〈変化〉もその中に含まず、文字通り一瞬で消滅する。そして、滅した後には（虚無がありえない以上）、必ず何らかの別の現象が生じなければならない。意識現象どうしに先後関係がなく、〈流れる時間〉が否定されるということは、さらにその上で問題になるわけである。また、こうした意識現象の性質は、後述するように、意識現象以外の物理的存在者（物理現象）にもそのまま妥当する。

論点3 物理的存在者について

本章の第5・2節と第5・4節の考察は、（「現象」と略記することはあっても）一応〈意識現象〉を対象にしている。しかしそうすると、意識現象以外の物理的存在者（物理現象・物そのもの）は、どう考えたらよいのか。これが、次の論点である。

経験にもとづいて確実にあるといえるものは、今ここの意識現象だけであり、それ以外の意識現象は実在するのかどうかも分からず、具体的にどういう内容かも不可知である。しかしそれでも、〈意識現象〉であるという一点では、今ここでの経験と同質のものだといえる。

しかし、意識現象以外に物理的存在者というものがあるとすれば、そうした同質性すら期待できず、すべては不可知の闇の中に閉ざされてしまう。物理的存在者、たとえば目の前の〈石〉について私が知っているのは、石についての視覚映像という私自身の意識現象である。石に触った時の感触というのも、やはり私の意識現象である。「モノは空間的な広がりを持つ」といわれるが、そういう「広がり」というのも、視覚や触覚という意識の中でイメージされたものに過ぎない。「石そのもの」というものが、もしあるとすれば、それは私自身が石に生まれ変わった時に体験するであろう現象（感覚）のことである。[8] そして、それは全く想像を絶した世界なのである。

また、私の意識現象（視覚映像）の中の一部分である〈石〉だけに対応して、〈物そのもの〉があるとも限らない。むしろ目の前の石や草や木などを全部含めた、今の私の意識現象の全体に対して、それに対応する〈物そのもの〉があると考えるべきかも知れない。

あるいはまた、こうも考えられる。われわれ人間の意識現象は、人ごとの、また、瞬間ごとの、多数の〈場面〉に分かれている。しかし、物理的世界にそうした区画（ガクブチ）は存在しないはずである。従って、物理的存在者とは、石とか木とか素粒子ごとに別々にあるものではなく、宇宙の全時空がたった一つの存在者（現象）なのかも知れない。

しかしそれも、結局は不可知である。それゆえ、今ここの意識現象に対応する物理的存在者など、はじめから何もないのかも知れないし、逆に、われわれの意識とは全く無関係に完全な未知の現象として、無数に実在しているかも知れないのである。

このように物理的存在者は、仮に存在すると仮定しても、われわれには想像のつかない未知のものである。しかし、私自身の意識現象と全く共通性を持たないというのも正しくない。なぜならば、意識現象も物理的存在者も、「存在者である」、つまり「現に現れている一つの現象だ」という点では共通しているからである。そして、〈現に現れている〉ものであれば、それが（たとえどういうものであっても）、意識現象と同様に単一の内容を持つはずである。

また、「Aが今ここに現れていれば、それとは異なるBは現れておらず、Bが今ここに現れていれば、Aは現れていない」という排他的相互依存関係は、任意の意識現象と物理的存在者（物理現象）との間にも当然成立する。（たとえば、「私が人間に生まれていれば石ではなく、石に生まれていれば人間ではない。」）こうした意味で、意識現象と物理的存在者とは最低限度の同質性を持つといえる。

現象として現れることが絶対にないものは、もはや存在者とはいえない。それゆえ、決して現れない〈物そのもの〉は否定される。一方、意識現象以外の物理的存在者は、何らかの現象として現れる可能性はある。それゆえ、〈唯心論〉は偽とも真とも断定できない[9]。

いずれにしても、物理的存在者（物そのもの）は、もしもそれが実在するのであれば、意識現象と同様の、しかしそれとは別個の、一つの〈現象〉である。（それゆえ、意識現象が物理的な時空の中にあるという描像も、当然否定される。）そして、すべての現象生起には特定の順序も経路も存在せず、従って、〈私〉が輪廻転生する場合、意識現象だけではなく、物理的存在者にも転生すると考えなければならない。

論点4　因果関係の虚構性と運命論について

本章の第5・2節では、さまざまな（意識）現象が順序関係なしに生起すると考えた。すなわち、「〈先〉のものが因果関係によって〈後〉のものを導いている」とは考えなかった。つまり、因果関係の実在性は、最初から否定されていたわけである。この点について、最後にコメントしておこう。「因果関係は対象そのものの中には実在せず、その意味では虚構（仮設）である」ということは、一八世紀のヒュームやカントの時代からすでに認識されていたことである。そもそもすべての存在者は、意識現象にせよ物理的存在者にせよ、固有の内容を持った完結した現象であり、他者とつながったりかかわったりしうるものではない。明らかに異質な〈意識現象と物理的存在者〉との間においてもそうだが、意識現象どうし、物理的存在者どうしに関しても、やはり相互に別個の存在なのである。従って、一つの現象が他の現象を引き起こすということは、原理的にありえないといわなければならない[10]。

われわれにいえることは、Aというタイプの現象の後にはBというタイプの現象が生じる（あるいは、生じやすい）という法則性についてだけである。しかしそれは単なる〈事実〉であって、今後も同じように繰り返される保証はない。たとえ世界の終わりまで、必ずAの後にBが生じたとしても、その場合も、法則性は単なる〈事実〉である。つまり、こうしたAとBとの関係に必然性を与え、他の可能性を排除するような積極的な〈根拠〉を見いだすことはできないのだ。仮に、Aの後にBが生じる根拠を解明しえたとしても、今度は、その根拠を改めて根拠づけなければならず、その過程は無限後退に陥る。（たとえば、「ボールが動いたのはなぜか？」と問うて、「別のボールが衝突したからだ」と説明すると、「それでは、別のボールが衝突すればボールが動くのはなぜか？　なぜすりぬけたりしないのか？」と即座に問うことができよう。）

世界がこうした〈根拠〉のない〈事実〉の集積である以上、「Aの結果、Bが生じた」という因果関係のカテゴリーを、そこに認めることは不可能である。そして、因果関係が虚構である以上、個々の現象は、何らかの他者を原因として生じたものではない。それは、ただ「あるべくしてある」としかいいようのない〈運命〉の所産であり、完全な必然であるとともに完全な偶然なのである。（時空全体の中での個々の現象の存在が、必然かつ偶然であるのと同様、「今ここ」というものが、あるいは「私」というものが、それらの中のどの現象なのかも、完全な必然であり完全な偶然である。）

因果関係を実体視した上で、世界の変化が自然法則によって予測可能だと考えることを「決定論」と呼ぼう。（ただし、現在の自然科学は決定論に懐疑的である。）一方、明日の天気が雨か雨でないかが予測可能であろうとなかろうと、明日になってみれば答えは一つしかない。そのことが、ここでいう「運命論」である。本章では、こうした意味での運命論を支持することにしたい。また、われわれが〈自由意志〉で「何かをしよう」と思いついたとしても、思いつく瞬間の意識の出現はまさに運命的である。（それが、脳の物理的メカニズムによって予測可能かどうかは、どちらでもよい。）それゆえ、ここでいう運命論は、世界が因果的に秩序だって見え、われわれが時として自由意志を実感することとは全く次元の異なる、より根源的な必然性（かつ偶然性）の問題なのである。

ただし、世界のすべてが運命的であるにしても、その内容が誰にとっても予測不能であれば、実生活上は確定していないのと同じことである。従って、運命論が、われわれの日常の人生観に対して直ちに不都合を生じるわけではない。

一方、現代の哲学では、〈すべての可能世界に共通して生じている事象〉を必然、〈一部の可能世界だけに生じている事象〉を偶然と定義する。しかし、運命論にとって、現実世界以外の可能世界とは、単なる空想か、〈現実に対する無知の表明〉に過ぎず、それ以上のリアリティーは認められない。従って、こうした様相概念を駆使して運命論を批判する説には、説得力がないというべきである(11)。

現実世界がいかに複雑精妙でも、それは〈驚くべき運命の所産〉として受け入れなければならないだろう。複雑精妙な宇宙の不思議さを解消してくれるような、何らかの合理的な説明などありえないからである。

たとえば、科学者は、法則と初期条件の組み合わせによって、世界を〈合理的〉に説明しようとする。しかし、持続する諸法則と絶妙な初期条件とは誰かが作ったものではなく、驚くべき運命の所産である。それゆえ、科学の説明で世界の不思議さを解消することはできない。(「科学的世界観」に関しては、第5・6節でも言及する。)

他方、宗教家は、神が世界を創造したと考えることによって、この世界の複雑精妙さを説明しようとするだろう。しかしその場合には、世界の複雑精妙さと同等以上の複雑精妙さが、神(の意識)の中に存在しなければならず、神も含めた現実世界全体の複雑精妙さを高めこそすれ、解消することにはならない。しかも、神から被造世界への因果作用は、哲学的には虚構である。(神からの因果作用だけを特別扱いする説もあるが、それでは「アドホック論法（ご都合主義）」になってしまう。）

常識的な理解では、過去と現在は確定しているが、未来は確定していない。それゆえ、未来には運命論が妥当しないと考えられやすい。しかし、本章の考察では、現象世界に順序関係はなく、〈仮想時間の幻想以外に〉過去と未来の区別は存在しない。〈今ここ〉以外の現象はすべて、〈今ここ〉においては非在であり、かつ、不可知である。逆に、すべての現象は、それが現れる時には必ず一定の確定した内容で現れる。後者はまさしく運命論であり、こうした意味でも、本章の世界観は運命論と結びつかざるをえないのである。

5・6　おわりに

「世界（観）」というものには、〈日常的〉〈形而上学的〉〈科学的〉の三つの種類があり、それらの間を往復する過程は、次のような四段階に区別することができる。

1　「日常的世界」を批判的に反省することで、「形而上学的真理の世界」に到達する過程。

2　「形而上学的世界」を前提にして、「日常的世界」を起ち上げる過程。すなわち、われわれは、さまざまな仮定や思い込みからなる仮想現実としての「日常的世界」を信じつつ生きているが、実際に、どういう事柄を「信じて」いるのか。その内容を現象学的に（「発達心理学的に」ではない）明らかにすることが、この段階である。日常的世界の時間・空間・因果法則・他我・自由意志等を理解するということは、まさにこの意味である[12]。

3 「日常的世界」を前提にして、「科学的世界（観）」を起ち上げる過程。「科学的世界（観）」とは、意識現象と物理的存在者の総体である〈不可知の実在界〉に貼り付けられた一つの〝イラスト〟である。それは、言葉で語られた仮設の体系であり、物そのものをありのままに写しているとは必ずしもいえない。しかし、われわれの日々の経験（意識内容）を秩序づけ、予測可能にするための〈説明の体系〉（モデル）である。そうしたモデルが「日常的世界」からどのように認識されるのか、また、可能なさまざまなモデルをどのように取捨選択すべきなのか。こうした問いに答えることが、この段階の哲学である。

4 「科学的世界観」を前提にして、「日常的世界」を説明する過程。これはまさに、通常の科学である。発達心理学や現象学的社会学は、「科学的（自然主義的）世界観」をすでに前提にしているので、この段階に含めなければならない。

これらの四過程を自由に経めぐりまわることが、「世界を考える」ということである[13]。本章で行った〈私の死〉の考察は、このうちの1にとどまり、それゆえ、決して完結したものではない。また、「哲学的前提」の反省も概略を述べたに過ぎず、さまざまな異論がありうることは明らかだ。それゆえ、より詳細な検討や思想史的な比較論も必要と思われるが、拙著『夢幻論――永遠と無常の哲学』『時間幻想――西田哲学からの出発』は、そうした考察の部分的な実践である。

註

（1）こうした意識現象の捉え方は、ライプニッツのいう〈窓のないモナド〉と同じである。ただし、ライプニッツのいうような永遠に続く独房ではなく、第5・5節で論じるように、一瞬ごとに滅する刹那滅（クシャナ・バンガ）的モナドである。

本章では、諸現象の総体を「世界」と呼んでいるが、完全に自己完結した個々の瞬間の意識現象こそ、一つの「世界」と呼ぶべきかも知れない。もちろん、今ここの意識現象以外にも現象は存在しうる。しかし、次節で論じるように、現象相互間にはいかなる〈間〉も〈関係〉もない。「個々の意識現象が世界であって、世界の中に複数の意識現象があるわけではない」ということは、まさにそのことを指しているのである。

（2）こうした思考実験は、文献［18］のⅠや［13］の第一二章などにも見えるが、本章の立場は、そこに単なる思考実験以上のリアリティーを認める点で異なる。

（3）〈不生不滅〉等の『中論』の主張は、〈自性〉を仮定した場合の誤った世界観をナーガールジュナが示したものだという説もある（［16］第Ⅰ部）。また、〈無自性〉を概念相互間の論理的相互依存関係と見なす説もある。そうした説が妥当すると思われる部分も確かにあるが、それだけで『中論』全体が理解できるとは考えにくい（［11］第二部第二章「二」）。

（4）本文で引用した『中論』第一五章、第一九章、第二四章の訳文は文献［19］による。

（5）時間非在論としては、これ以外に『中論』第一一章があるが、説得力はやや低い。また『中論』第二章は、概念の論理的相互依存関係を論じたものであって、時間（運動）非在論として有効とはいえない。一方、現代の時間非在論としては、マクタガートや大森荘蔵のものがある（［23］［6］）。本章の議論は、マクタガートのいう順序関係としてのC系列を否定するものであり、その点で、A系列批判に主眼を置くマクタガート自身の時間非在論よりも、より徹底したものである。

（6）こうした捉え方は、いわゆる現象一元論だが、〝それ（現象）を見る主体〟を想定せず、〈主観・客観図式〉を完全に排除する点で、西田幾多郎のいう〈純粋経験〉や、D・チャーマーズのいう〈汎〝質〟主義〉に似ているともいえる（[20]九頁、四一頁、[17]二一四頁）。

（7）時間の非連続性に関しては、ダルマキールティの〈刹那滅〉論証が有名である（[14]、[15]）。ナーガールジュナの『中論』第二章第一詩もそのように解釈する余地があり、また、『ヴァイダルヤ・プラカラナ（広破論）』第六一節以下、『シューニャター・サプタティ（空七十論）』第八節から第一四節、『ラトナーヴァリー（宝行王正論）』第一章第六三節から第七二節も、同様の主張である。ただし、ナーガールジュナ作といわれる個々の論書の著者が、『中論』の著者と同一人物かどうかは必ずしも断定できない。

（8）いわゆる〈心脳同一説〉が文字通りに正しいとすれば、「われわれは脳という物理的存在者として生きている」ともいえる。ただし、その場合でも、個々のニューロンや分子は不可知の〝物そのもの〟である。

（9）ただし、唯心論を許容するとしても、それは、「（私の）心が世界を作っている」といった観念論ではない。心は、そのように〈主体〉として実体化すべきものではなく、また、論点4で論じるように、世界は何者かが〝作っている〟ものではないからだ。

一方、『中論』には、唯識派仏教が強調したような唯心論の主張はない。しかし、ナーガールジュナ作とされる『ユクティシャスティカー（六十頌如理論）』第三四詩や、『マハーヤーナ・ヴィンシカー（大乗二十頌論）』第一八詩には存在する。世界が〈空〉であることの数ある証明の一つとして、唯心論も受容されていたのかも知れない。

（10）『中論』第一章は、古来〈不生不滅〉の証明と考えられてきたが、この意味での因果関係批判と考えた方がよい（[11]一五二頁以下）。

（11）運命論にまつわる議論としては[1]、[2]、[3]、[9]第五章。必然と偶然の同一性については[12]参照。

（12）[21]が主張する〈素朴実在論〉は、この意味での日常的信念の分析と考えられる。

（13）1～4以外にも、「科学的世界（観）」と「形而上学的世界」とを直接結びつけるタイプの思索も考えられる。たとえば、[24]は、「科学的（物理的）世界観」の中の〈ファインチューニング〉問題から多宇宙実在論を導き、それに、「私」とは知的存在者であるという刑而上学的解釈を結びつけることで、輪廻転生が説明できるのではないかと論じている。

参照文献

［1］青山拓央『時間と自由意志――自由は存在するか』筑摩書房、二〇一六年。

［2］伊佐敷隆弘『時間様相の現象学――現在・過去・未来とは何か』勁草書房、二〇一〇年。

［3］入不二基義『あるようにあり、なるようになる――運命論の運命』講談社、二〇一五年。

［4］瓜生津隆真他訳『龍樹論集』（大乗仏典一四）中央公論社、一九七四年。

［5］瓜生津隆真『龍樹――空の論理と菩薩の道』大法輪閣、二〇〇四年。

［6］大森荘蔵『時は流れず』（『大森荘蔵著作集』巻九）青土社、一九九六年。

［7］桂紹隆・五島清隆『龍樹『根本中頌』を読む』春秋社、二〇一六年。

［8］三枝充悳訳注『中論――縁起・空・中の思想』上・中・下、第三文明社、一九八四年。

［9］左金武『時間にとって十全なこの世界――現在主義の哲学とその可能性』勁草書房、二〇一五年。

［10］重久俊夫a『夢幻論――永遠と無常の哲学』中央公論事業出版、二〇〇二年。

［11］重久俊夫b『時間幻想――西田哲学からの出発』中央公論事業出版、二〇〇九年。

［12］須藤訓任「屋根から瓦が――必然・意志・偶然」『岩波　新・哲学講義3』岩波書店、一九九八年。

［13］スマリヤン、R『哲学ファンタジー』（高橋昌一訳）丸善、一九九五年
［14］谷貞志a『〈無常〉の哲学――ダルマキールティと刹那滅』春秋社、一九九六年。

［15］谷貞志b『「刹那滅」論証』『認識論と論理学』（シリーズ大乗仏教九）春秋社、二〇一二年。

［16］槻木裕『現代の無我論――古典仏教と哲学』晃洋書房、二〇〇三年。

［17］デイントン、D「中立一元論、時間経験、そして時間」平井靖史他編『ベルクソン『物質と記憶』を解読する』書肆心水、二〇一六年。

［18］永井均『〈私〉の存在の比類なさ』勁草書房、一九九八年。

[19]中村元『ナーガールジュナ』講談社、一九八〇年。
[20]西田幾多郎『善の研究』(『新版・西田幾多郎全集』巻一、岩波書店、二〇〇三年)、一九一一年。
[21]野矢茂樹『心という難問——空間・身体・意味』講談社、二〇一六年。
[22]本田恵『中論註和訳』国書刊行会、一九八八年。
[23]マクタガート・永井均訳注『時間の非実在性』講談社、二〇一七年。
[24]三浦俊彦『多宇宙と輪廻転生』青土社、二〇〇七年。
[25]山口瑞鳳『評説・インド仏教哲学史』岩波書店、二〇一〇年。

第6章

自分の死としての非在

個体と可能世界

新山喜嗣

6・1　はじめに

死はいつの時代にも人間の最大の関心事であり、死についての思索は人類の歴史と同じ厚みをもった蓄積があるだろう。しかし、本章はその蓄積の大部分にはほとんど関心を示さない。なぜなら、そういった蓄積はたいていの場合、生の周辺に浮遊するいわば生の付属物の消失に関するものだからである。本章が関心を示すのは、死の核心にあると考えられる只一つの事態である。それは、自分の代替不可能な唯一性がこの世界から無くなり、自分は非在になるという事態である。

最初に、本章の流れを概観しておくことにする。第6・2節では、自分の死を可能世界にある自己の非在とみなすことによって、事実としての自分の死を現前化しようとする。すなわち、現実世界の自分とは存在資格は異なるものの、何らかの存在として自分の死を眼前に定位することを試みる。さらにこの節の後半部では、死という非在をもう一つの非在である生誕前の非在と較べることを試みる。第6・3節では、自分の死がわれわれによってどのようにして語られうるかを主題とする。その前半部では、死した自己の非在への指示は、固有名を使用した他者による指示を媒介することが必要であることを述べる。その後半部では、自分の死についての語りは、偽装された二人称の他者に関する死であることを述べる。第6・4節では、死した自分の存在論的な帰趨を主題とするが、自分の死は完全な非在ではなく、個体としての残滓を残す不完全な非在であるという本章の最終的な到達点を得ようとする。

このように、本章ではいったん自己の死を完全な非在とみなすものの、最後にはその立脚点を棄却し、死後の自分は不完全な非在として可能世界に停留することを主張するものとなる。

6・2 死――自分が非在となる可能世界

6・2・1 自分の死が現前化される場所としての可能世界

今、自分の死を語るにあたり、「自分はいない」という言葉を発したとすれば、その言明は端的に誤りとなるしかない。なぜなら、語用論的な規則が、発話者が現にいることをすでに含意しているからである。つまり、この言葉を発した途端、自分がこの現実世界に紛れもなく存在していることが強く主張されてしまうのである。

それでは、不確実な憶測に過ぎない未来形での「自分はいないだろう」という言明ではなく、確実な眼前の出来事としての現在形を用いた「自分はいない」という言明が成功するのはどのようなときであろうか。それは、この現実世界とは異なる無数の「可能世界」の一つにおいて「自分はいない」とする言明においてであろう。このときには、現在のこの現実世界には自分である個体が生あるものとして存在しており、一方、未来の可能世界は、自分に相当する個体が非在となっている世界として描写することができよう。

ところで、二〇世紀後半の分析哲学にとって、個体と世界の形而上学には常に可能世界意味論が隣接していたと言えよう。可能世界意味論における可能世界とは、何らかの個体が現実と異なったあり方をしている世界である。もしもわれわれが、「ケネディが雄弁でなかったら大統領になっていなかったろう」と口にしたとき、雄弁でないケネディが落選して大統領になっていないような世界が可能世界である。

可能世界意味論は、このような可能世界という概念を用いることによって、必然や可能といった様相を含むそれまであいまいとされた文も、厳密な様相論理学として扱うことができるようにした。たとえば、「ケネディが大統領であることは必然である」という文は、「全ての可能世界でケネディが大統領である」という文に置き換えられ、「ケネディが大統領である可能性がある」という文は、「少なくとも一つの可能世界でケネディが大統領である」という文に置き換えられることによって、様相を含む文も量化された世界からなる厳密な命題として扱えるようにしたのである(1)。

このように、この可能世界の概念は、ある個体が現実とは違うあり方をしている反実仮想を述べる場合に有効であり、今回のように自分の死を述べるときには、「可能世界では自分がいない」と死について現在形で語ることができる。さらに、世界に存在する個体の数は不変であるとする個体と世界に関わる形而上学を採用するときにも、死についての語りには可能世界の概念は有効となろう。なぜなら、死が自分という個体が一つ無くなる事態であるとすれば、そのような世界は現実世界と同一の世界ではありえず、もはや可能世界であるほかなくなるからである。いまや、われわれは自分の死を、可能世界における自己の非在として、未来の憶測を越えた眼前のリアルな出来事として現前化させることができるのである。

ここで確認しておくと、今回のように未来の自分の死を可能世界における自分の非在として語るときには、現実世界も含めた可能世界のそれぞれに、そのつど時間軸が立てられることはなく、各可能世界は異なる時間として振り分けられた世界となる。つまり、現実世界は自分が生きている現在の世界であり、可能世界のうちのどれかは自分が死して非在となっている未来の世界である。

このように様相的性格の中に時間的性格もすべりこませることによって、現在ではなく未来において生起する自分の死を、眼前にある自分の非在として捉えることができることになる。ちなみに、様相論理の「必然」や「可能」といった様相演算子を、それぞれ「いつでも」や「ときには」といった時間演算子に置き換えたとしても、時間の進む方向の矢印さえ消去すれば、それまでの様相論理計算に変更を加える必要はない。あとは、様相についての可能世界と時間についての可能世界との間で、存在性格の上での差異があるか否かという問題が残るだけである。本章では、その差異にことさらこだわる必要はないという道を選択する[2]。

ところで、生きている自分が存在する現実世界とその自分が非在となっている可能世界という構図を描くときには、もう一つ確認しておくべき点がある。それは、現実世界にある個体とそれに対応する可能世界の非在との間には、世界をまたいで同一であるとする「貫世界同一性」が成立しているということについてである。このように異なる世界の間で貫世界同一性が成立するのは、可能世界意味論の中でもとくに「現実主義」を採用したときである。この現実主義では、実在の名に値するのは現実世界只一つであり、その他の可能世界は、例えば現実世界の生ある個体について〝死している〟といった反事実的状況を約定(stipulate)して得られる世界にすぎないことになる。一方、可能世界意味論のもう一つの立場である「可能主義」では、全ての可能世界が同じ権利をもって実在するとされ、現実世界はたまたま今自分がいる可能世界にすぎないことになる。そして、この可能主義では世界間で対応する個体どうしは、互いにその個体が存在する世界でもっとも類似している対応者(counterpart)にすぎず、その限りで異なる世界の個体間に貫世界同一性は成立していない(3)。

それでは、今回のように可能世界意味論の枠組の中で自分の死を捉えようとしたときに、われわれは現実主義と可能主義のどちらの立場をとっていることになるのだろうか。この答は明らかであり、現実主義の立場を選択しているはずである。なぜなら、われわれが死後に非在となった自分がどのようなものであるか思いを巡らせるとき、なにも自分にもっとも類似している対応者の死を問おうとしているわけではない。そうではなく、まさしく自分自身の死を問題としているはずである。このように、われわれが自分の死を可能世界意味論の上で理解しようとするときには、個体が異なる世界を貫いてなおも同一であるとする貫世界同一性をすでに承認しており、したがって、可能世界意味論の現実主義を選択していることになる。

この現実主義では、死者としての自分の非在は、前述のように現実世界で生きている自分を繋留点として、その自分が可能世界で死している状態として得られる。すなわち、あくまで現実世界に自分が生きているからこそ、その非在は可能世界に位置を占めることができるのであり、決してその逆ではない。したがって、異なる世界の個体間における存在の依存関係という点では、死者としての自分の非在は、生きている自分に存在を依存していると言うことができる。よって、存在の依存関係に基づく存在資格という点では、可能世界の非在は現実世界で生きる自分よりも一段低い存在資格をもつことになる。ただし、このように死者の存在資格を格下げさえすれば、悪名高いとされるマイノング主義を採用せずとも死者に対して何らかの存在の仕方を提供できるかもしれないのである[4]。

元来、マイノング主義は〝黄金の山〟というような現実には存在しないものも「存在する」とする立場であり、この世に存在するものとしないものは区別されるべきであるとする存在に対するわれわれの常識的な信念に与える傷口は深い。それにもかかわらず、われわれの日常の言語使用の中でとりわけ死者について語るようなときには、意図しないままにマイノング主義の陣営に身を寄せている可能性がある。たとえば、「キング牧師を尊敬する」といったわれわれの言い回しの中には、すでにこの世にいないキング牧師に対して、尊敬されるべきといった「性質」が帰属する対象として、何らかの存在の仕方を要請しているように思われる。このように、死者への言及という行為においては、マイノング主義を決してあなどることができない[5]。

しかし、可能世界の見取り図の上では、非在の対象の取り扱いはマイノング主義とはデリケートに異なってくる。すなわち、マイノング主義では〝黄金の山〟はあくまでこの現実世界に存在するとされるが、一方、可能世界意味論ではそのような対象は可能世界に存在することになり、このうに存在資格を下げることによって存在に対してある種の相対化をはかることができる。つまり、少なくとも可能世界意味論の現実主義をとったときには、可能世界に存在している個体は、現実世界に実在する個体が別様に投影された姿なのである。

このように、非在の対象に対してもいったん可能世界というクッションを置くことにより、先述の常識的な信念に与える痛手をより浅くできる。これは、事実としての自分の死を現前化させる目的で、自分の死を可能世界にある自己の非在とみなしたときの、われわれにもたらされる副次的な利得でもある。

6・2・2　死後の非在は生誕前の非在と同じか

前小節では、自分の死を可能世界の非在と捉えたが、われわれ人間に付随する非在として、忘れるべきでないもう一つの重要な非在が存在する。それは、われわれが生誕する前の非在であり、死が未来に拡がる永遠の非在であるとすれば、生誕前は過去に拡がる永遠の非在とみなされよう。このことに関連し、かつてルクレティウスは、〝われわれは生誕前にも永遠の非在があったのにそれに恐怖をもつものはいないのだから、死後の永遠の非在も同様に恐怖に足るものではない〟と唱えた。死後と生誕前を、生を挟んだ同じ非在とする、いわゆる「ルクレティウスの対称説」である。

しかし、ルクレティウスの主張は、現代に生きるわれわれがもつ死への不安や恐怖に対する緩和には、見わたした限り少しも成功していないように見える。このことは、現代におけるルクレティウスの対称説に対する論及が、ことごとく対称説に対する反論として提出されていることからもわかる。たとえばネーゲル[1]は、死の非在と生誕前の非在との間には完全な非対称があると述べる。彼によれば、死の非在はわれわれから善き生を簒奪する疑いようのない害悪であり、一方、ある人間がその人間として存在する過去は生誕の時点までであり、それ以前の当該の人間の非在は問題になりえないとした。このようなネーゲルの主張は、「ルクレティウスの対称説」を再び現代に蘇らせることとなり、「対称性問題」と称される一連の議論[2][3][4]の発端を作ることとなった。

この議論に参加した論者達は、いずれも死と生誕前を非対称とするネーゲルの主張を支持しつつ、非対称である理由をネーゲルとは異なる点に求めた。たとえばブルックナーらは、人は未来のみを志向し、過去は問題としないことから非対称が生じるとした。すなわち、われわれはこれから到来する快や善には期待をもつが、過ぎ去ったことにはもはや関心を示さないと主張するのである。また、ベルショウは、むしろ人は過去の経験に愛着をもつことにこそ非対称性があると論じた。彼は、われわれは現在の自分に付属する価値観、性格、人間関係は過去と強い因果関係をもち、現在の自分にわれわれが変更を望まない以上は現在を導いた過去の変更も望まず、そのような過去の中には生誕前の非在も含まれるとしたのである。

これらのように、「ルクレティウスの対称説」に関する一連の議論は、どれも非対称性を支持する結論に至る過程において、日常生活での善悪という用語の使用を類比させることによって非在の善悪を抽出しようと試みている。すなわち、いずれの論者においても、われわれの日々の生活での善悪に対する直観に直接訴えかけることにより、死や非在に関わる善悪の意味を明確化しようとする方略をとった。

ただし、ここで当然の疑問が生じよう。それは、死や非在といった元々われわれの経験的世界の領域を逸脱した主題に対して、われわれの経験的世界で使用する善悪の原理を適用することは可能なのかという疑問である。つまり、善し悪しに関わるような価値判断は、生きている時代の経験的な世界に対して向けられるものであり、死後や生誕前といった超経験的な世界に、そのような価値判断をすぐに持ち込むことはできないように思われる。おそらく、容赦される方法は別にあろう。それは、生ある現在と非在としての過去や未来を共通して貫く形而上学に関わる原理に、死や非在の意味を問うてみる方法であると思われる。

ここで、われわれは先の小節で提出した可能世界の見取り図の中に、現実世界には生ある自分が存在し、無数にある可能世界のうちの一つの世界には死した自分の非在が存在し、さらに、別の一つの可能世界には生誕前の自分の非在が存在する光景を描きたい。元々、ルクレティウスの対称性問題の核心は、二つの非在を天秤に掛けることに類比されるものであったが、それでは果たして何が天秤に掛けられるべきなのだろうか。ここで、われわれが再度確認するべきことは、現実主義の立場に立つ限り死後や生誕前の可能世界にある非在は、現実世界の生きている人間を出発点としてそれから約定して得られた非在であるということである。すなわち、どちらの非在についても、現実世界に生きる自分が存在してこそ初めて自分を繋留点とし各可能世界の非在となることができるのであり、これら二つの非在は現実世界にいる自分に存在依存していることになる。

　いまや、現実世界の生きている自分と、死後や生誕前の可能世界に存在する非在との間にある存在資格の差異は明白となり、後者は前者に対して存在資格のうえで下位に位置することになる。ここに、現実世界の自分と死後の可能世界の非在との間で、また、現実世界の自分と生誕前の可能世界の非在との間で、存在資格における非対称性が成立することになる。ただし、そこで難題となるのが、死後と生誕前の可能世界の間での比較であり、まさしく本節の主題であるルクレティウスの対称性問題である。なぜ難題であるのかと言えば、ここでの存在資格に関わる高低は、常に生ある現実世界との比較においてのみ成り立ち、現実世界を経由しない可能世界どうしの存在資格に関わる高低は成立しないからである。

　このときの「成立しない」ことの意味は文字通りにとられるべきであり、どちらか一方を存在資格においてより高いか低いかといった帰結を得ることができないばかりか、「どちらも同じ」とする帰結も得ることができないのである。つまり、死後の世界と生誕前の世界を比較しようとしても何事も言えず、別言するならば、きわめてトリビアルな結論であるが、これら二つの世界どうしは「較べようがない」のである。

　先に述べたように、これまで対称性問題に加わった論者達は主張の細部はそれぞれ異なっていても、いずれも死後の非在こそがわれわれにとって重大であるとし、死後と生誕前の非在を非対称とする点ではみな共通していた。これら論者の主張の展開は、議論の開始時点で決着済である非対称性に対して、その根拠を生の中にもとめていったように見える。実のところ、死後を生誕前と同じとしないとする見方は、何もこれら論者だけのものではなく、われわれの多くが共有する死に対する日常的な感覚や判断の中にも潜在しているように思われる。実際に、われわれの非在に対する不安や恐れは、生誕前に対して向けられることはなく、一方的に死後に対してのみ向けられている。つまり、われわれが死に対してもつ素朴な直観は、死後と生誕前の非在は同じでないことをとっくから見通していたように思われるのである。

ただし、その同じでないことの正体は、ここまで見てきたように二つの非在についてはそもそも「較べようがない」ことにある。ひょっとすると、この「較べようがない」ことについても、われわれの直観はとっくに気づいていたのかもしれない。その証拠に、ルクレティウスの言説が一五世紀に再発見されて長らく経つが、人類がもつ死後への恐怖や気掛かりを取り除こうとした彼の試みは、その後もそれほど実をあげているようには見えない。現代のわれわれに至るまで、死は一度も瑣事であったことはない。

6・3　自分の死は語られうるか

6・3・1　非在の自分への指示は可能か

これまで、自分の死を可能世界の中にある非在とすることによって、将来の不確実を払拭した、事実としての死を現前化しようとしてきた。このことによって、現実世界の自分とは存在資格は異なるとしても、ともかくも何らかの存在として死を定位することが可能なように思われた。それでは、当の非在がどのようなものであるか述べることを目的に、自分の非在を例えば指示詞を使って「これ」や「あれ」といったように指示をしようとしたとき、指示はどのように行われうるのだろうか。

さしあたって、自分の非在への指示は次の(1)から(3)の三つの候補があると思われる。(1) 可能世界において非在の自分が、自分自身の非在を指示する。(2) 現実世界にいる自分が、可能世界の自分の非在を指示する。(3) 可能世界の他者が、その可能世界に存在するこの自分の非在を指示する。以下において、(1)から(3)の場合について検証するが、実のところ非在を指示することはそれほどたやすいことではない。

まず(1)は成功しないだろう。なにしろ、非在となった人間が「これ」と発話することも、「これ」と指差すことも、「これ」と思念することも不可能だからである。この不可能性は、例えば思念できないといった認識論的な問題だけではなく、指示を発する主体がその可能世界のどこにもないという存在論的なレベルでの問題を含む。(6) かくして、死者による自分自身への反射的指示は失敗に終わることになる。

次に、(2)の場合はどうであろうか。少なくとも、指示を発する主体はまちがいなくこの現実世界に存在することから、(1)のような問題は生じない。しかし、現実世界から指示が発せられ、世界をまたいで可能世界に存在する死後の自分を「これ」として射当てようとするときに問題が生じる。なぜなら、死後の非在は本来アノニムなはずであり、射当ようとする非在が他でもない自分自身の非在に相当することを示すものはどこにもない。つまり、現実世界の自分と可能世界の死した自分を、世界をまたいで結ぶ正確な接続線は引けず、自分の非在を射当てることは困難となる。

最後の(3)はどうであろうか。このときには、可能世界の指示主体の他者にとって、この自分の死が非在の対象となりうるかという、非在への指示の前提となる段階で問題が発生してしまう。それというのも、自分の死が完全な非在であれば、そもそも始めから自分はその可能世界に存在もしていなかったはずである。よって、存在しないものがその後に死によって非在へと化すこともなく、可能世界の他者にとっては、この自分の死は非在としての性格をその世界で始めからもつことはない。

このように、(1)から(3)のいずれの候補も、自己の非在への指示には問題を孕むように思われるが、ここで代案となる意見を提出できるかもしれない。それは、自分が死した可能世界には、たとえば形見であれ、生前になした仕事であれ、生きた時代の痕跡がいくつか残されており、それらが自分の非在を自律的に指示しているのではないかという意見である。しかし、それらの痕跡は、可能世界の中でそこにあるはずの非在を指示しているわけではない。それらは、現実世界の生前の自分を、可能世界から現実世界へと世界をまたいで指示しているのである。たとえば、「人文死生学宣言」と題した書籍の一冊が幸運にも百年後の可能世界に残っていたとする。そのとき、その第6章に記された拙論は、その時代に生きていない自分の非在を指示しているのではなく、書籍の出版のために執筆を急いでいる現実世界のこの自分を指示しているのである。

このように、自分の非在への指示はすぐには成功しそうになく、これは、われわれが自分の死そのものに言及することの困難を示唆しているように思われる。ここで、指示という言語における問題が、単に語用論や意味論における問題だけでなく、存在論における問題をも引き連れているとすれば、自分の死への指示ができないことは、直ちに「自分の死はない」という結論を導くことになる。もちろん、このように言語の問題が、存在論を先導することの是非は明らかでない。しかし、少なくともわれわれの日常における自分の死に関わる言語使用は、その是非についてはいったん宙吊りにしたまま、言語が死の存在論にコミットすることをわれわれに要請しているように見える。

もはや、われわれは最後の手段に出たい。それは、現実世界の他者を媒介にすることによって、可能世界における自分の非在を指示する方法である。ほかでもなく、現実世界の他者はこの自分を指示するときに、しばしばこの自分の名前である「何某」といった固有名によってこの自分を名指す。たとえば、筆者のことを友人が〝「新山」は最近つきあいがわるい〟といったようにである。これは、自分が自分自身を固有名で名指すことがほとんどないのとは対照的である。[7] そして、他者がこの自分の固有名を使用することによって、可能世界にいるこの自分の非在を指示したとすれば、ひょっとするとその指示は正確に指示対象を射当てているのかもしれない。なぜなら、固有名を用いた指示においては、どのように可能世界の自分の非在をみつけるかといった問題を素通りして、固有名自体が始めから可能世界の非在を固定的に指示している可能性があるからである。

二〇世紀後半の分析哲学の中でドネラン、パトナム、クリプキといった一連のアメリカの哲学者たちは、固有名は直接に対象を指示しているとする「指示の新理論」を提唱した。[5][6][7] それまで、固有名がもつ意味論的機能については、永らくフレーゲからラッセルにいたる伝統的指示理論の中で、固有名は短縮された確定記述である（たとえばアリストテレスは「アレクサンダー大王の教師」の短縮形である）とされてきた。しかし、「指示の新理論」の提唱者たちは、固有名を対象の記述の代用と見做すことは適当ではなく、固有名は直接に対象を固定的に指示すると主張した。この「指示の新理論」に従えば、アリストテレスがもつとされる諸特徴（「アレクサンダー大王の教師」、「リュケイオンの創始者」、「ニコマコス倫理学の著者」……）が全て否定されるといった反事実的状況においても、「アリストテレス」という固有名は、対象がもつ特定の性質からなる手がかりを必要とせずに、アリストテレスなる個体を直接に指示することになる(8)。

ただし、世界に実際に存在している個体への指示とは異なり、非在とされる対象に対して固有名による指示がどのようになされるかという問題については、「指示の新理論」が展開される過程で物議をかもしだすことになった[8][9]。それは、固有名が、指示対象が存在しない世界において何を指示するのか、あるいは、しないのかという問題である。この問題に関する指示の新理論に加わった論者達による一つの見解は、固有名は「弱い指示」の機能しかもたず、指示対象が存在しない世界では何も指示しない。それゆえ、そのような世界において非在の対象を含む言明は有意味な言明とはならないという見解である。もう一つの見解は、固有名は「強い指示」の機能をもち、指示対象が存在しない世界においても本来指示しようとした対象をどこまでも指示する。それゆえ、そのような世界において非在の対象を含む言明も真か偽かの真理値をもちえるとする見解である。

一見、われわれの存在に関わる直観は、「弱い指示」を指示しているようにも見える。なぜなら、指示対象が存在しない世界にまで立ち入り、そこで存在しないものに対して何事かを述べるのはいかにも理不尽に思われるからである。しかし、クレオパトラがすでに歴史的人物となってしまった二一世紀のわれわれが「クレオパトラは存在しない」という言明を発したとすれば、それは十分に有意味な命題であり、かつ、真という真理値をもつように思われる。このとき、固有名は「強い指示」の機能をはたしており、クレオパトラという非在の対象への指示は成功しているように見える。

しかし、このような存在するかしないかといった存在言明以外の言明についてはどうであろうか。たとえば、クレオパトラがいない世界で「クレオパトラは慈悲深い」といった言明を発したらどうであろうか。このような非在の対象が主語となる言明がいったい何を意味しているのか、われわれはとたんにわからなくなる。ただし、次のような外延的な解決の方法があるかもしれない。それは、クレオパトラが死した世界では慈悲深い人間の集合の中にクレオパトラは属していないので、この命題は偽であるとする方法である。ところが、これからわかることは、たとえ固有名が「強い指示」として機能しようとしたとしても、先の存在言明を例外として、非在の対象が主語となる命題はすべて偽にならざるをえないということである。ここで、言明が存在者と何らかの関係をもつための条件として、いずれの真理値もとれることが必要とされるならば、非在の対象が主語となる言明は始めから空虚な名辞にすぎないことになる。

もっとも、死者が主語になるような言明を現実世界で語るときには、存在言明以上の言明は不必要であるという意見があるかもしれない。なぜなら、死者についての訃報であれ、墓標であれ、戸籍であれ、そこで表現されているのは「何某はいない」ということの言い換えに過ぎないとみなせそうだからである。ちなみに、先の「クレオパトラは慈悲深い」という言明にしろ、それを文として分析すれば、「クレオパトラは存在するかしないか」という査定の段階を経たうえで、存在したたときにのみ、次の段階で「慈悲深い」に真か偽りかの真理値をあてがうことができると考えることもできる。そのときには、「クレオパトラは慈悲深い」という言明は、最初の査定の段階で却下されてしまうことから、実質上「クレオパトラはいない」という存在言明であるとみなすこともできる。

ここまでの議論から少なくとも言えることは、固有名を主語にした非在についての言明は、存在言明に限ったときには、指示は「強い指示」の機能を果たしていそうなのである。このことは、固有名によるこの自分の非在への指示のときも例外でなく、自分が死した可能世界における自分の名前を用いた「何某はいない」という存在言明は、成功するように思われる。

ところが、前述のように固有名を使用したこの自分への指示は、他者による自分への指示を起源にしていると考えられる。このことは、自分の将来における死を自分の非在として語るときには、いったん他者によるこの自分の死への言及を媒介として、辛うじて語ることができることを意味する。

もしもここで、言語の中に存在論を読み取る立場をとれば、自分の死は、自分一人の中で完結することはなく、他者を一度経由することによってこそ、はじめて成立するものであると言うことができる。

これは、驚くべき帰結であるが、将来に訪れるであろう自分の死は、自分以外の他者の存在に依存していることになる。

6・3・2 自分の死と人称の秘密

ここまで、自分の死は未来の可能世界の出来事としてきたが、常に自分の死は未来にあるだけなのだろうか。今、「私はいる」という現在形を用いた発話をした者がいたとする。そのとき、この発話はトリビアルな発話であるとされることはないであろう。おそらく、われわれにおける日常の言語使用の中では、現実の事実を描写する、たとえば、自分がこの世界に存在することの偶然性を指摘する有意味な発話であるとみなされるであろう。つまり、「私はいる」ことも「私はいない」こともありえる中で、現実世界では私がいるとする有意味な発話とされるのである。

このとき、われわれが気づくことは、もう一方の「私はいない」という発話も、暗に成立するかのように見做されているということである。実際に、「私は部屋にいない」といったわれわれの日常での発話を基礎にして、私がいないとする場所を拡大するだけで、「私はどこにもいない」という発話が成功するように見えてしまう。

しかし、先述のように、「私はいない」という現在形の発話ははじめから語用論的に誤りとなる。このような本来は成立しえないはずの、現実世界での自分の非在を意味する言明が、何らかの意味をもつように見えてしまうのはなぜだろうか。

それには、われわれの現実世界での自分の非在としての死に関する現在形での言語使用においては、一人称の自分と二人称的他者が密かに癒合していることが関与していると考えられ、そのことをこの小節で確認してゆきたい。

ここで、少し唐突であるが、精神医学の症候の一つであるソシアの錯覚と呼ばれる病理現象を紹介したい。[10] このソシアの錯覚を呈した患者は、身近にいる特定の人物が顔形がそっくりのにせものに入れ替わっていると、ある時から突然に主張するようになる。とりわけソシアの錯覚の純型となる患者では、対象となった人物の外見だけではなく、性格や役割など全ての属性に何一つ変化がないとしながら、それでもその人物がにせものであると主張する。

ここでわれわれが注目したいのは、「何もかも同じだけど別人である」という患者の訴えを、医師を含めた周囲の人々がたちまち理解できてしまうという点である。つまり、患者の信念は誤まった病的妄想だとしても、患者の言明が何を意味しているか他者にも正しく伝達されてしまうのである。このことが意味するのは、患者が人物同定をするにあたって人物に付帯する属性に基礎をおかずに対象を「このもの性（haecceity）」として切り取るやり方を、われわれ健康者も人物同定のときに行いうるということである。すなわち、われわれにおいてある人物が誰であるかという人物同定に関わる素朴な直観は、対象となる人物に付帯する属性とは独立した、個体原理としての「このもの性」を求めているように思われる。(9)

このソシアの錯覚には、注目すべき一つの臨床的特徴がある。それは、他者がそっくりの別人に入れ替わったと患者が訴えるときに、入れ替わるとされる対象が周囲の多くの人々にまで及ぶことはなく、入れ替わるのは、患者にとって身近な人物の一人か、せいぜい数人に限られるという特徴である。すなわち、患者が既婚者であれば、多くの場合に入れ替わりの対象は配偶者であり、患者が未婚者であれば、その対象は恋人であったり、旧知の友人である。また、患者が子供であれば、その対象は両親であることが多く、まれに、学校の親友であったりする。ともかく、入れ替わるとされる対象は、患者が日頃から「わたし」と「あなた」で呼び合う二人称的な関係をもつ相手である。

このように、「全くそっくりであるが別人である」とされる対象が二人称的関係をもつ相手に限定されていることは、患者においてはそのような人物のみに、人物が付帯する属性とは独立した「このもの性」が付与されている可能性がある。逆に言えば、それ以外の周囲多勢の人物にはその「このもの性」が付与されておらず、それらの人物は属性の束以上の存在ではないことを意味する。したがって、これら大勢の人物では、属性に何の変化がないまま別人になるようなことが起こりようもないのである。

このようなソシアの錯覚での他者への「このもの性」付与の特徴は、刮目すべき重要な点を示唆している可能性がある。なぜなら、このような特徴は患者ばかりではなく、われわれ健康者における他者への「このもの性」付与の特徴でもあると思われるからである。すなわち、われわれにおいても、周囲にいる大勢の人々は属性の束としての人物であり、これらの人々には「このもの性」は付与されておらず、二人称的な関係をもつ特定の他者に対してのみ、代替不可能な「このもの性」が付与されている可能性がある。

さて、今ここで、われわれが一人称を用いて「私が私でないことがありえた」とする発語をしたとする。するとそのときには、その発話は有意味な内容を伝達しているように思われる。一方、三人称を用いて「彼が彼でないことがありえた」とする発話をしたとすれば、その発話は何の意味も有しない無効な発話であると思われる。それでは、われわれが二人称を用いて「あなたがあなたでないこともありえた」とする発話をしたらどうであろう。二人称には二つの場合があると考えられる。

一番目は、三人称と同様に発話が無効となるような場合である。この場合の二人称の「あなた」は、たとえばテレビの登場人物に対して「あなた」と声を掛けるようなときの、誰もがあなたになりえるような一般的他者である。二番目は、ソシアの錯覚の場合がそうであるように、「あなたがあなたでないこともありえた」とする発話が有意味な内容を伝達する場合である。この場合の二人称の「あなた」は、親密な対話的状況を基礎とする、代替不可能な「このもの性」を付与された他者である。

本節では、前者のようなあなたを「あなた$_1$」と呼び、後者のようなあなたを「あなた$_2$」と呼ぶことにする。このように、「あなた」という二人称は、人物がもつ属性の束としての「あなた$_1$」と、代替不可能な「このもの性」をもつ「あなた$_2$」の二つの契機をもつ。そして、この二人称がもつ両義的な性格は、絶えず動的な側面を備えている。すなわち、「あなた$_1$」と「あなた$_2$」の間には両方向性の運動があり、二人称はどちらの契機にも変質しうる流動性をもつ。[10]

いまや、本小節の最初で提起した疑問に戻りたい。それは、「自分はいない」という語用論的に誤りとなる自分の死についての発話が、われわれの言語使用の中で成立するように見えてしまうのはなぜかという疑問である。

今、現実世界における三人称的他者の死に関しては、「彼はいない」といった現在形での発話ができることを確認しておく。それでは、二人称による現在形での「あなたはいない」はどうであろうか。このときに、まさしく先の二人称がもつ両義的な性格が問題となる。すなわち、二人称を主語とする現在形での存在言明においては、あなたを「あなた^{1}」と理解する限り何の支障もきたさないが、「あなた^{2}」であるとすればこの二人称は他話的状況を基礎とすることから語用論的な問題が発生する。それでも、「あなたはいない」という発話を無理にでも成立させようとすれば、「あなた^{2}」という契機は極力後方に背景化させると共に「あなた^{1}」という契機を前景化させるしかない。このようにして、かろうじて二人称的他者の死が「あなたはいない」という現在形にて語られうるが、「あなた^{2}」という契機がすべて払拭されたわけではない。すなわち、「あなた^{1}」と「あなた^{2}」の間での両方向性の運動はなおも残存することから、現実世界における二人称的他者の死に関する語りには常に不安定さがつきまとうことになる。

　この二人称における死の語りの不安定さは、ときとして一人称における死の語りをも巻き込むことになる。もとより、一人称の「私」としてのこの自分は、この現実世界において代替不可能な「このもの性」としての唯一性をもつ。そして、自分がいつどこにいるか、を問われれば、常に「いま」と「ここ」にいると返答するしかなく、その意味で一人称の「私」は現実世界の中で「いま」と「ここ」という特異点を形成すると言える。一方、二人称の一方の契機である「あなた^{2}」も対話的状況の中で代替不可能な唯一性をもちつつ、現実世界で「いま」と「ここ」という「このもの性」としてのもう一つの特異点を形成する。しかし、実際には現実世界における「いま」と「ここ」は只一つしかありえず、その矛盾の解消が計られるべくここに「私」と「あなた^{2}」は水面下で互いに癒合しようとする挙動を示す。

もちろん、「私」と「あなた[2]」は別個のものであることから常にズレをもち、ぴったりと両者が癒合することはない。しかし、この水面下での密かな癒合の試みは、現在形での「私はいない」という明らかに誤った言明が、何らかの意味をもつ言明であるかのように仮現する。すなわち、われわれによる自分の死に関する「私はいない」という言明は、意図せぬまま「あなた[2]」に誘導されて、「あなた[1]」と「あなた[2]」を含む二人称の死である「あなたはいない」に変貌しているのである(11)。

したがって、われわれが現在形で自分の死を語るときの一人称としての「私」は、「偽装された二人称」であると言うことができる。つまり、「私はいない」という現実世界での自分の死は、二人称的他者の擬似的形態としてのみ語りうるのである。このように、現実世界での自分の死は、いったん二人称としての他者の死を経由することによってこそ語ることができるのであり、別言すれば、現実世界における自分の死を自分の内部で完結して語ることはできないのである。

本節の最後として、言語が存在論にコミットすることを容認する立場をとったとき、第6・3・1項と第6・3・2項の結論が何を意味することになるか確認してみたい。

第6・3・1項の結論は、この自分の死は、可能世界で非在となった自分を固有名で名指すような他者を媒介することによって初めて得られ、すなわち、この自分の死は、そのような他者にとっての死としてのみありえることを意味することになる。また、第6・3・2項の結論は、今度は現実世界に自分にとっての死を求めようとすれば、そこで得られるものは、自分にとっての死は偽装された二人称的他者の死であり、自分に関する死ではないことを意味することになる。

つまるところ、いずれの結論においても、自分の死は自分にとってこそ訪れるとするわれわれの日常的な信念からするといかにも意外であるが、自分にとっては自身の死が成立しえないものであることを示唆するものである。今やわれわれは、「自分の死はどこにもない」という驚くような帰結を得ることになる。[12]

6・4　不完全な非在としての自分の死

前節までの議論で、われわれは自分の死を自分で語ることができず、「自分の死はどこにもない」という結論をいったん得たつもりである。これは、とりもなおさず自分の死を完全な非在としたことに、そもそもの発端があるのはまちがいない。つまり、ここまでの議論では、自分の死は完全な非在であることを当初から前提とし、その非在への指示といった、非在の外延的な側面を問題としてきたのである。本節では、これまでは素通りにしてきた、死の非在の存在論的な帰趨に関わる非在の内包的な側面に焦点を当てるが、そこでの議論の帰結をあらかじめ述べておく。それは、自分の死は完全な非在ではなく、個体としての残滓を残す不完全な非在であるという帰結である。

6・4・1　非在についての語り方

さて、われわれが死の存在論的な帰趨について検討を開始するとき、最初に確認しておきたいことがあり、それは、二通りの非在についての語り方があるということである。一つは「始めからの非在」についての語り方であり、もう一つは「欠如態としての非在」についての語り方である。今、非在を暗い部屋にたとえるならば、前者は証明器具が設置されていない暗い部屋について語るときであり、後者は証明器具のスイッチがオフである暗い部屋について語るときである。

もっとも、非在を「始めからの非在」として語る方法については、それが徹頭徹尾にわたって完遂できるかは定かでない。

なぜなら、〝始めから何もなかった〟などという発話自体が、現実世界の何らかの存在を前提として初めて可能かもしれないからである。ちなみに、「欠如態としての非在」がこの世に一度は生を受けた生命に関するその後の消失にあたるとすれば、「始めからの非在」はこの世に一度も生を受けることもなかった生命にあたるだろう。しかし、このような生まれてこなかった生命の存在を、われわれは無際限に認めることができるのだろうか。おそらく、そのような対象は、この世界に存在し得たかもしれないという「仮想」の生命を介した、その欠如態としての生命にあたるとするべきであろう。なぜなら、このような「仮想」を介さずに、生まれてこなかった生命の存在を自由に認めれば、世界全体は夥しい数の生まれてこなかった生命で飽和してしまうからである。

結局、「始めからの非在」は、先の暗い部屋の例のように、比喩などの修辞を通して間接的に語ることしかできないかもしれない。

それでは、「欠如態としての非在」について語る方法はどうであろうか。今しがた述べたように、自分に関する「欠如態としての非在」は、この世に一度生を受けた生命に関する消失としての、まさしく死にあたるだろう。したがって、本章の主題である自分の死の非在を語るうえで、この方法が可能であることは必須のように思われる。

ここで、非在を「欠如態としての非在」として語る方法を、さらに二つに分けたい。それは、「肯定による差異化」と「否定による差異化」という二種類の方法である。[13] 色でたとえると、前者は「黒である／白である」という差異化であり、後者は「黒である／黒でない」という差異化である。前者の肯定による差異化は、いたって明解であり、黒の反対項の「白」を提示することによってこの世から黒を取り払う。しかし、この差異化によっては、黒と白の中間にある灰色を取り払うことができず、しかも、灰色のすべてのグラデーションがこの世に残存してしまう。これに対し、否定による差異化は「黒でない」ことの提示によって、この世から黒ではない白や灰色のグラデーションを取り払うだけではなく、赤や青といった白黒の色相以外の色まで一挙に取り払うことができる。非在を語るには、ひとまず否定による差異化が有効に見える。

ところで、われわれは日常の語りの中で、死をどのように語っているかを確認すると、「生・死もわからない」といったように、一見すると「死」という言葉を呈示することによって肯定による差異化を使用しているように見える。ただし、肯定による差異化は、今しがた述べたように中間の様態を用意してしまう。一方で、われわれは生と死の間に、ゾンビのような中間の様態を認めていない。このことからすると、われわれは肯定による差異化をしているように見えても、本来の意図は別にあり、実際には、否定による差異化によって、生のすべてをなくしたものとして死をとらえていると考えられる。

よって、今後、われわれは自分における死の非在を語るにあたり、「生きている／生きていない」

という否定による差異化を遂行してゆくことにする。このときには、「生きていない」ことの提示によって、生きている自分に付帯する属性を一挙に否定することが意図されることになる。そして、そのような意図が全うされたときには、自分における死の非在は、自分に付帯する諸属性がすべて剥ぎ落されたものとなろう。しかし、ここでわれわれは厄介な問題に直面する。それは、このように属性をすべて失った対象は、個体としての文字通りの消失を意味するのか、それとも、何の属性も纏わない裸の個体としてなおも世界に存在し続けるのかという問題である。

この問題は、中世の実念論と唯名論の間での論争以来、個体の本体は何であるかを問う現代まで続く形而上学の論争に直接関係する。さしあたり、現代哲学の中では、個体を普遍的性質の束であるとみなすのか、それとも、個体をそのような性質を担う「このもの性」とするのかという点に議論の中心があるように思われる。もし、死がすべての属性の喪失であるとすれば、前者の立場を採用すれば死は「何もない」ことを意味し、後者の立場を採用すれば死によっても「このもの性」としての存続の可能性は残されるかもしれない。

今しがた、われわれは厄介な問題に直面すると述べたが理由がある。それは、これらの個体の形而上学に関わる立場は今のところそれぞれが固有の難点を抱えており、われわれはどちらの立場を採用するべきか戸惑うからである。その固有の欠点の代表的な例を挙げると次のようになろう。

まず、前者の個体を性質の束とする立場では、完全にそっくりな二つの個体があったとしても、それらは属性の共通性ゆえに一つとみなされなければならなくなる。また、この立場では、束の一本が変われば個体はもはや同一のものとはみなされず、このことから、個体における「変化」を認めることができなくなってしまう。一方、後者の「このもの性」を基本とする立場では、完全にそっくりな二つの個体は別々の「このもの性」として数的な不同一を獲得することができ、性質が変わったときにも「このもの性」そのものは同一のままであるとして「変化」を認めることができる。しかし、この立場では、「このもの性」自体は最後まで認識に与えられることがなく、世界にいくつの「このもの性」が存在するかについても、われわれが知ることはない。

もっとも、これらの立場を折衷するような新たな提案もなされている。それは、個体を、普遍的な性質の束とせずに、個別的な性質（トロープ）の束とする立場である。[11][12] この立場では、世界にあまねく存在する普遍的性質とは異なって、個別的性質が個体の中に存在し、りんごの「赤い」という性質も個々のりんごの中に存在することになる。この立場をとれば、完全にそっくりな二つの個体も数的な不同一を獲得でき、また、性質の束は当然ながらわれわれの認識の対象になりえる。

ただし、この個体を個別的な性質の束をする立場も、個体の「変化」については説明が困難なままである。たしかに、この困難を解消すべく、個体の性質の束のうちでも、中心にある核となる束と周辺部にある束の二種類に分け、周辺部の束だけの置き換えによって、個体の同一性が保たれたままの「変化」を確保しようとする試みもなされている。[13] しかし、この場合でも、核に分類される性質と周辺部に分類される性質を分けるための線引きが、どのような基準でなされるかという困難な問題を残す。

6・4・2 死によって全ての属性をなくすのか

以上のように、個体を何らかの基本的な原理に還元しようとする形而上学は、今のところそれぞれが固有の難点を孕むことから、われわれとしてはすぐに受け入れることができないように思われる。実際に、とりわけ人間の生と死について語るときには、たとえば個体において「変化」が確保されることは重要なものとなる。なぜなら、人間は生きている間に数的同一性を保ちながら様々な「変化」を成し遂げ、死にあたっては別種の「変化」が待ち受けているからである。一方で、個体が認識の対象となりえることについても、われわれが生と死の狭間を見分けるためには重要となろう。

しかし、ここで確認すれば、個体の本体の問題に還元主義的な方法を用いてわれわれが関わらざるをえなくなったのは、そもそもが、否定の差異化によってすべての属性が剥奪されると断じたことに端を発している。もし仮に、否定の差異化によっても死の非在に何らかの属性が残存するのならば、個体の本体をいずれか一つの原理に還元する道を模索せずとも、より穏当な個体に関わる立場も採用できたはずである。より穏当な立場とは、たとえば、個体に対して性質と「このもの性」の両方を基本的な原理として認め、性質はそれの担い手となる「このもの性」に存在依存し、一方、「このもの性」の方も性質に存在依存することによって、両者が相補的な関係を保ちつつ個体を形成するという立場である。[14][15] あるいは、個体は、それ以上の基礎的な存在者に分解されるべきでなく、他の幾つかの存在論的カテゴリーと共に存在者の全体をを形成する還元不可能なカテゴリーであるとする立場である。[16][17]

今、ここでわれわれはもう一度スタート地点に戻ってみたい。すなわち、死の非在を否定による差異化によって語る場面にもう一度立ち返ることにする。このとき、「生きていない」ことの提示によって、生に関わるすべての性質は確かに取り除かれたことになる。むろん、人間の生は様々なコンテキストによって形成され、それぞれのコンテキストごとに多くの性質が含まれているだろう。それでも、「生きていない」という否定による差異化によって、それら性質をまんべんなく無くすことができるかもしれない。

しかし、（ここが本節でもっとも重要な点となるが）「生きていない」という否定による差異化によって、人間に付帯するすべての属性が取り除かれたことになるのだろうか。そもそも、われわれが人間について知りえていることは、生にまつわるコンテキストだけである。それ以外のコンテキストについては、見たことも聞いたこともない。

したがって、「生きていない」という否定による差異化によっても、思いもよらない未聞のコンテキストに収まる性質は取り除けていない可能性がある。今、先の「黒くない」という否定による差異化を例にとろう。このとき、対象の色に関わるすべての性質が取り除かれるかもしれない。しかし、性質のカテゴリーの中で色と同じ階層の類に入る「におい」に関する性質や「手触り」に関する性質は、なお手付かずのまま残されることになる。このように、死の非在を得ることを目的とする「生きていない」という差異化によっても、生にまつわることのない何らかの性質がなおも残存しているかもしれないのである。

ただし、人間の死後の非在について、未聞のコンテキストに関わる残余ができるとする主張には、次のような異論が提出されるかもしれない。それは、われわれが知りえないコンテキストやそのようなコンテキストに収まるかもしれない性質については、それらが存在することをむやみに認めるべきではないという異論である。このような異論は、人間に付帯する性質はわれわれが知りえる生にまつわるコンテキストに関わるものがすべてであり、それ以外のコンテキストは無視するべきであるとする主張である。

しかし、たとえば「脳にシナプスをもつ」といった、人間にとって無視することができない性質はどうであろう。このような性質は、たしかに現在においては「生きていない」という否定による差異化によって除去される性質であろうが、千年前の人類は知ることもなかった性質であり、その時代には否定による差異化によって除去されることがなかったであろう性質である。このように、人間としての性質の範囲をわれわれが知り得る性質の範囲に狭く制限する立場をとったときには、否定による差異化からこぼれ落ちる、予想もしなかった無視できない性質が出てくる可能性を残すだろう。

しかるに、この段階においてもなお「生きていない」という否定の差異化によって、人間に付帯する属性はすべて除去されうるという意見があるかもしれない。その意見は、否定による差異化の権限を最大限に拡大させる方法であり、それは差異化に動的な機能を付加することによってもたらされる。すなわち、たとえ未聞のコンテキストやそのコンテキストに関わる性質が、どこにどれだけ存在したとしても、あるいは、将来にどれだけ出現しようとも、「生きていない」という差異化が、われわれの認識とは無関係にしらみつぶしにそれらを除去してゆくだろうという意見である。

だが、このような徹底的な差異化が遂行されても、死の非在には最低限度の性質がなお残存する可能性がある。それは、「個別的である」、「性質の担い手である」、「自己同一的である」といった、「このもの性」そのものに付着する性質である。[14] これらは、徹底的な差異化を個体に対して遂行しようとしたときにも、差異化されるべき対象として個体を支える性質であり、差異化のための前提として存立し続ける必要がある性質である。このような性質は、否定による差異化の手が及ぶことがなく、差異化の残余として最後まで死者に付着するものと思われる。

ここまで、死の非在を否定による差異化によって得ることを、いくつかの差異化の方法を確認しつつ試みてきた。そこでわれわれが見てきたものは、差異化の方法によってそのつど残余するものは異なるものの、いずれにしろすべての性質を除去することはできないということである。このことから、「欠如態としての非在」を語ろうとして「何もない」ものにするべく個体の性質群を世界から除去することを試みたとき、その最大の教訓は、完璧な除去は成功しないということである。

このように、死の非在には何らかの性質の残余があるとすれば、先述した個体に関わる形而上学としては、例の穏当な立場を採用する道も開けてくる。なぜなら、死の非在は、何らかの性質とその性質の担い手としての「このもの性」が互いに存在依存しながら、あるいは、個体において何らかの性質と「このもの性」が無理に分離されることもないままに、「不完全な非在」として世界の存在者たることができるからである。

もちろん、このような「不完全な非在」は、われわれが世界の中で出会うどのような存在者とも異なっている。

それというのも、その「不完全な非在」は、欠如する属性をもっとも少なく見積もったときでも、そこに残存する性質はわれわれの生にかかわるものは何もない。つまり、これらの性質は、われわれが一生のうちで見たり、聞いたり、触れたりするあらゆる事柄とつながりをもつことはなく、われわれがそれを知ることは最後までない。

また、「不完全な非在」について欠如する属性を多く見積もったときには、徹底的な差異化の後に「このもの性」に付帯するのは、先述の「個別的である」、「性質の担い手である」、「自己同一的である」といったものにすぎず、これらによって「このもの性」はかろうじて裸体であることを免れている[15]。当然ながら、これらの性質は、どのような「このもの性」も自らを形成するものとして共通に保持しているものであり、世界の中に存在する「不完全な非在」はどれも同じ姿をしている。よって、われわれがその一つ一つを区別することは不可能である。

したがって、いずれの差異化を採用したとしても、われわれは自分の死としての「不完全な非在」を、他の「不完全な非在」の中から見つけ出すことができず、それが世界のどこにあるかもわからない。ただし、この「どこにあるかわからない」ことは、認識論的な問題だけではなく、すでに存在論的な問題をも含んでいる。すなわち、「不完全な非在」は、時間や空間に関わる性質をもたないことから、死者がいる可能世界の時空間上のどこかに定位されることはない。「どこにあるかわからない」以前に「どこにもない」のであり、見つけ出すことの困難さはより深刻である。

ちなみに、第6・3節では死による自己の非在を「完全な非在」としたが、そのときには自分が自分の非在を指示できないゆえに自分にとっての死は「どこにもない」とする帰結を得たはずである。しかし、本節の最終場面で自己の非在を「不完全な非在」としたときに得られる「どこにもない」は、死が所属する可能世界の中で「どこ」という場所を占めないことを意味する。これは、一方では「不完全な非在」の可能世界における存在を認めていることになり、第6・3節の文脈に沿う限りでの自分の死は「どこにもない」という帰結は、ここにおいて破棄されることになる。死した自分は、「不完全な非在」として可能世界の中に、場所を占めない「どこか」に停留することになる。

6・5 おわりに

最終節で述べたように、死者としての自分の個体は、死後となった可能世界の中に生の欠如態として存在するが、その「不完全な非在」をわれわれは見つけることがない。それでは、この見つけることがない「不完全な非在」への指示はどのようになされるのだろうか。少なくとも、われわれの意図する指示が「不完全な非在」を正確にとらえることはない。たしかに、われわれの意図は死者がいる可能世界に向けられているが、大ざっぱに向けられているにすぎず、「不完全な非在」そのものを射当てることは最後までない。

これに対し、われわれの意図から独立した固有名による指示は、「不完全な非在」を正確に射当てるものと考えられる。それは、第6・3節での固有名による「完全な非在」への指示のときと同様に、固有名による「不完全な非在」への指示においては、対象に付帯する属性と無関係に直接に対象を指示すると考えられるからである。したがって、死者の名前を呼んだときの音声や死者の名前を記した文字は、われわれの意図とは独立に、そのつど正確に死者である「不完全な非在」を射当てていると考えられる。

このように、可能世界の「不完全な非在」を指示するとき、われわれの意図と固有名による指示は明らかに乖離することになる。それでも、日常において自分の死が語られるときには、しばしばわれわれの意図が一定の指示対象を指示し続けることがあるかもしれない。しかし、そのようなときは、現実世界の自分を、いったん死者のいる可能世界に「投影」し、投影された自分について語っているのである。そのときの自分の死についての語りでは、たしかに指示対象を正確に射当てているが、その対象は「不完全な非在」としての死者ではなく、現実世界に存在している自分である。これは、明らかに錯誤であるが、そのような錯誤を通してのみ、われわれは、自分の見掛け上の死を捕えるのである。

それでもわれわれの意志は、自分の死そのものを捕えようと試みるかもしれない。このとき、錯誤を犯さずにわれわれができることがあるとすれば、せいぜい次のような方法であろう。それは、死した自分についてではなく、死した自分が帰属する可能世界について語ることである。たとえば、自分が住む町に自分がもはや住んでいない可能世界について語ることである。そのような可能世界に、自分の「不完全な非在」は、どこであるとかいつであるとかという位置を占めない、「どこか」に存在するはずである。われわれの死についての語りは、自分の個体としての残滓が停留する可能世界について、控え目に語るしかない。

註

(1)ただし、死としての非在の本質規定を行おうとするわれわれにとってもっとも重要なのは論理学としての様相論理自体ではなく、可能世界意味論がその基礎論として抵触する同一性、個体、世界といった言わば伝統的形而上学の諸問題である。こうした可能世界意味論に関わる諸問題については、これまで見解を異にする多くの主張が提出されている。これらの主張を概観することができ、かつ、分析哲学を専門としない読者にも比較的に理解しやすい好著として、本邦では次を第一に挙げることができよう。三浦俊彦『改訂版 可能世界の哲学――「存在」と「自己」を考える』二見文庫、二〇一七年参照。

(2)このような選択の根拠を問われれば、様相と時間に関わる筆者の形而上学的な直観に由来すると答えるしかないのかもしれない。しかし、少なくとも、今回のような選択をした方が、死への問いという困難な課題に対して、より多くの発見がえられるものと筆者は考えている。

(3)本章では、可能世界意味論の現実主義の説明としては、その代表的な論者であるクリプキの主張をモデルとしており、可能主義としては、その代表的な論者であるルイスの主張をモデルにしている。また、様相の中に時間をも組み入れる本章のような可能世界の構図では、貫世界同一性という言葉は貫時間同一性をも含意することになる。Kripke, S. A. *Naming and Necessity*, Cambridge, MA: Harvard U. P. (Oxford: Basil Blackwell), 1980.(クリプキ、S『名指しと必然性』八木沢敬・野家啓一訳、産業図書、一九八五年。)Lewis, D. *On the Plurality of Worlds*, Oxford: Blackwell, 1986.(ルイス、D『世界の複数性について』出口康夫監訳、佐金武・小山虎・海田大輔・山口尚訳、名古屋大学出版会、二〇一六年。)

(4)このように、存在者どうしの存在に関わる依存関係から存在資格の階層性を見ようとする思考法は、とくに「何が存在し何が存在しないか」といった存在の形而上学が議論されるときに近年サイモンズ(1987)やロウ(1998)などにより採用される方法である。このとき、われわれが留意すべきことは、他の存在を支える基本的な対象だけでなく、存在依存をする側の対象もやはり存在するとされ、存在者の数の節約にはとくにこだわらない点である。この点で、存在依存の概念は、たとえば、近年の「心の哲学」における付随性(スーパーヴィーニエンス）の概念と対照的であると言えるかもしれない。なぜなら、「心の哲学」のとりわけ自然主義的な主張では、われわれの意識が脳という物理的な存在に付随するとされるとき、物理的世界における真の存在者は脳のみであり、意識の方は存在者の一員に加えられることはない。Simons, P. *Parts: A Study in Ontology*, Oxford: Oxford U.P., 1987. Lowe, E. J. *The Possibility of Metaphysics: Substance, Identity, and Time*. Oxford: Oxford U.P., 1998.

（5）実際に、ユアグロー（1987）や吉沢（2012）などのように積極的にマイノング主義を採用することによって、死の善悪を死後の人間そのものに担わせようとする論者もいる。彼らは、死は死んだ当人にふりかかるとする死に対するわれわれの日常的な理解には、少なくとも死者が何らかのかたちで存在していることが必要であると述べる。Yourgrau, P. "The Dead", *Journal of Philosophy*, 84: 84-101, 1987.（村上祐子訳「死者」『現代思想23 可能世界／固有名』青土社、一九九五年、一九三–二〇八頁。）吉沢文武「死者の問題のためのいくつかの形而上学的枠組みについて――マイノング主義の検討」*Contemporary and Applied Philosophy* 4: 1-18, 2012.

（6）このことに平行する問題として、死の害を人はいつの時点で蒙るかという主題の議論が、シルバースタイン（1980）やユアグロー（1987）による問題提起が発端となって近年さかんである。この議論は、ここで示した(1)のケースのように、死した時には死の害を担う主体がいないというアポリアに端を発する。ここでは直接にこの問題に参入しないが、本章の最終節で述べるように死後の非在が「不完全な非在」であるとすれば、そのような存在に死の害を帰属させることによって、このアポリアは解消できるかもしれない。Silverstein, H. S. "The Evil of Death", *Journal of Philosophy* 77: 401-424, 1980. Yourgrau 註（5）の前掲書。

（7）われわれが自分自身を固有名で名指すのは、たとえば、独語で「何某はもっとできるはずだ」などと自身を鼓舞するようなときであろう。しかし、このときの「何某」に相当するものは、自分に付帯する属性に含まれる能力の集合体などであり、「何某」は個体としての人物を固定的に指示する役割は果たしていないとみるべきであろう。

（8）クリプキは指示の直接性に関して以下のように説明する。――もし「アリストテレス」が「アレクサンダー大王の教師」という意味であるとしたら、「アリストテレスはアレクサンダー大王の教師だった」という言命は単なるトートロジーとなるであろう。しかし、この言命はトートロジーではありえず、それは、アリストテレスがアレキサンダー大王を教えたことが偽であることが発見されるかもしれない事柄を表現しているのである。註（3）のKripke前掲書（邦訳、二四頁）。

（9）個体原理としての「このもの性」の概念は、まずは中世のドゥンス・スコトゥスに端を発する。彼によれば「このもの性」は、個体に付帯する幾つかの属性の一つであり、もっぱら個体の個別化を支える役割を果たすものであるとされた。その後、この「このもの性」が再び衆目の前に登場するのは、二〇世紀後半の分析哲学においてであった。そこでは、「このもの性」は個体に付帯する属性にも属さないで、むしろ属性とは無縁なまま個体の自律的な個別化を支える契機として新たな視点から捉え直されるようになった。この点については、次の二つの論考が詳しい。Kaplan, D. "How to Russell a Frege-Church", *Journal of Philosophy* 72: 716-729, 1975. Salmon, N. U. "How not to derive essentialism from the theory of reference", *Journal of Philosophy* 76: 703-725, 1979.

（10）このような二人称の動的な性格に符合するように、われわれの生活の中でも一人の人物が「あなた^{1}」にも「あなた^{2}」にも変質することがありうる。つまり、このような変質は、その時々のコンテキストに依存した自分と他者との関係性の変化によってもたらされ、たとえば、生活史の中で両親が「あなた^{2}」から「あなた^{1}」へと変質し、一方で、初対面の頃は「あなた^{1}」であった友人が「あなた^{2}」へと変質するといったことはありうるであろう。

（11）このときに、眼前に具体的他者が、二人称の「あなた^{2}」として存在している必要はない。自身の中に、モノローグ的な「私」と「あなた^{2}」による対話的状況が潜在していれば十分である。

（12）このような帰結から、「人間の不死」といったことを読みとろうとする意図は筆者には始めからない。なぜなら、「人間の不死」という言葉には、すでに人間に付帯する様々な属性に関し、それの死後における運命に力点があるからである。本章では、このような属性とは無縁な、自分の「このもの性」の運命のみが問題なのである。

（13）ここでの二種類の差異化は、入不二（2012）がベルグソンによる無の観念批判を解釈する過程で、相補的な関係をもつ差異化として提案したものである。ただし、本節での入不二への追従はここまでであり、その後の入不二の論考の展開からは離脱している。入不二基義「無についての問い方・語り方――『無ではなくて存在』ではなく」*Heidegger-Forum* 6: 22-37, 2012.

（14）このような「このもの性」に付着するような性質として、他には「偶然的である」、「数多性がある」、「性質から独立している」などを別個なものとして数えあげることができるかもしれない。

（15）ただし、ここに挙げた性質群だけの帰属によっては、個体としての資格は確保されないという、本章の筆者とは意見を異にする見解があるかもしれない。つまり、これらの性質群は「このもの性」を説明するものであり、「このもの性」から独立した性質としては不充分であるとする見解である。このような見解に従えば、死後の非在は再び「完全な非在」とされ、本章での議論は、第6・3節での「死はどこにもない」とする帰結をもって終了することになろう。

参考文献

[1] Nagel, T. *Mortal Questions*, Cambridge U.P., 1979.（ネーゲル、T『コウモリであるとはどのようなことか』永井均訳、勁草書房、一九八六年、一—一六頁。）

[2] Brueckner, A. L. and Fischer, J. M. "The Asymmetry of Early Death and Late Birth," *Philosophical Studies* 71: 327-331, 1993.

[3] Belshaw, C. "Asymmetry and Non-Existence", *Philosophical Studies* 70: 103-116, 1993.

[4] Kaufman F. "An Answer to Lucretius' Symmetry Argument against the Fear of Death", *The Journal of Value Inquiry* 29: 57- 64, 1995.

[5] Donnellan, K. "Reference and definite descriptions", *Philosophical Review* 75: 281-304, 1966.（「指示と確定記述」

荒磯敏文訳、松阪陽一編訳『言語哲学重要論文集』（現代哲学への招待）、春秋社、二〇一三年、九一-一二九頁。）
[6]Putnam, H. “The Meaning of ‘Meaning’”. In: *Language, Mind and Knowledge*, Gunderson, K.（ed.）, Minnesota: Minnesota U.P., 1975, pp. 131-191
[7]Kripke, S. “Identity and Necessity”. In: *Identity and Individuation*, Munitz M. K.（ed.）, New York,: New York U. P., 1971, pp. 135-164,
[8]Kaplan, D. “Demonstratives”. In: *Themes from Kaplan*. Almog, J., Perry, J. and Wettstein, H.（eds.）, Oxford: Oxford U. P., 1989. pp. 481-563.
[9]Almog, J. “Naming Without Necessity”, *Journal of Philosophy* 83: 210-242, 1986.
[10]新山喜嗣『ソシアの錯覚——可能世界と他者』春秋社、二〇一一年。
[11]Williams, D. C. “On the Elements of Being”, *The Review of Metaphysics* 7: 3-18, 1953
[12]Campbell, K. “The Metaphysic of Abstract Particulars”, *Midwest Studies in Philosophy* 6: 477-488, 1981.
[13]Simons, P. “Particulars in Particular Clothing: Three Trope Theories of Substance”, *Philosophy and Phenomenological Research* 54: 553-575, 1994.（シモンズ、P「個別の衣をまとった個別者たち——実体に関する三つのトロープ説」、柏端達也・青山拓央・谷川卓編訳『双書現代哲学2——現代形而上学論文集』勁草書房、二〇〇五年、二五一-三〇一頁。）
[14]Martin C. B. “Substance Substantiated”, *Australasian Journal of Philosophy* 58: 3-10, 1980.
[15]Heil J. *From an Ontological Point of View*, New York: Oxford U. P., 2003.
[16]Smith, B. “On Substances, Accidents and Universals”. In: *Defence of a Constituent Ontology*, Philosophical Papers 26:105-127, 1997.
[17]Lowe, E. J. *The Four-Category Ontology: A Metaphysical Foundation for Natural Science*, Oxford: Clarendon P., 2006.

第7章

一人称の死

渡辺、重久、新山への批判

三浦俊彦

7・1 第4章の渡辺論稿へのコメント

・本章からの引用

「私はその夜考え続け、誰もがみな自分自身なのだと気づきました」(4-5)、「今では、誰もが唯一の存在だと(知的には)わかります」(4-6)と、新たなる展開を示している。これは一見、「成長」に思える。けれどもよく考えれば、容易ならぬパラドックスに嵌り込んでいることが分かる。誰もが自分のように唯一では、「唯一存在」が多数あることになり、自分もまたそのような多数例から成る「類」の一員に過ぎず、唯一どころではなくなってしまうではないか。(八一-八二頁)

自己の唯一性と自他の等根源性とはそもそも両立しない。これが人間的世界経験の根源的パラドックス構造である。(八二頁)

・読解のための問い(三浦)

問1　渡辺の言う「自己の唯一性 vs. 自他の等根源性というパラドックス」において、「誰もが唯一の存在だと(知的には)わかります」と納得した人は、どのように納得したのだろうか。八二頁の論証図式の必要な個所を言い換えて、具体的に「納得」を構成せよ。

問2　すると結局、「誰もが唯一の存在だと(知的には)わかります」と納得した人は、「成長」した、すなわち心理的錯覚から脱却した、のだろうか。それとも本当の論理的もしくは形而上学的パラドックスへの感受性が鈍ってしまっただけなのか。

問3　「自己の唯一性」と「自他の等根源性」とは両立しないのだろうか。両者の論理関係を調べるために、それぞれの論理構造を論理式で表現せよ。

・答え(三浦)

問1について

傍線の部分が、納得者が暗黙に補った部分、あるいは変更した部分である。

①私は自分が私にとってかけがえのない唯一の自分だとわかった。

②私にとってBさんはかけがえのない唯一の他者である。
③Cさんも Dさんも、各自にとってかけがえのない唯一の自分であり、おたがいにもかけがえのない唯一の他者ではないだろうか？
④すると私たち地球八〇億の人間は全員が「かけがえのない唯一の自分かつ他者」という「類」を構成することになり、私たちはその「一例」ということになるから、私たちは「かけがえのある人間に過ぎない？」それでべつに矛盾はないのだ……。

問2について

「存在」という語でさまざまな存在の位相をひっくるめていた段階から、「自分」「他者」「人間」といった諸相へと区分する段階に達している。これは、まぎれもなく「成長」である。ただし、このあとにまた「パラドックス」が一段高いレベルで発生しないという保証はない。しかし当初のレベルと相対的に見るならば、感受性の鈍麻ではなく、言語的・概念的洗練の一ステップを経たと言える。

問3について

便宜上、次のように記号を定める（用いる文字は自由）。

各々の主観的個人　x, y

xはyに相対的に唯一の自分である　Fxy
固有名詞で表わされる特定の個人　@

記号化例

①自己の唯一性　∃x∀yFxy（すべての人の中で特別な唯一の自分がいる）
②自他の等根源性　∀y∃xFxy（誰にでもそれぞれ特別な唯一の自分がいる）

それぞれxとyを@で例化すると、

③自己の唯一性　∀yF@y
④自他の等根源性　∃xFx@

①から②は導かれるが、②から①は導かれない。いずれにせよ①と②は矛盾しない。正確には、①は@の心の世界Kにおける命題を表わすので、客観的にはもう一つ量化を施して、

∀z∃x∀yK(Fxy)z

として②に同化させる必要がある。

③④においては、客観的な表現は、それぞれyとxを例化して、ともに、

F@@

というトリビアルな命題となる。

記号化例2

⑤自己の唯一性　　∃y∀x Fxy

⑥自他の等根源性　∀x∃y Fxy

それぞれyとxを@で例化すると、

⑦自己の唯一性　　∀x Fx@

⑧自他の等根源性　∃y F@y

⑦⑧においては、客観的には、それぞれxとyを例化して、ともにF@@というトリビアルな命題となる。

・**発展問題**

一〇二頁の次の一節を批判せよ。

自我体験の報告者の割合はせいぜい大学生で二〇～三〇％というところから、「自他の等根源性」の基準に達して〈絶対のここ〉が立ち止まるのは一握りになってしまうという疑問が出るだろう。けれども、自我体験回想率が年齢とともに衰微することから、誰でも幼少期に一度はこの体験をするが覚えていないのだと推測できる。また、組織的調査はないとはいえ自我体験の第二のピークが自己の死を意識する老年期にある節もあるので、「生涯に少なくとも誰でも一度」説はさらに信憑性が出てくる。

〈絶対のここ〉が立ち止まるのが一握りに「なってしまう」というところには無用の規範意識が混入しているように思われる。自我体験的な状態にある瞬間にしか「私」はいないとすれば、「私」の居場所は一握りになる、と認めて何ら問題はなさそうだからである。現にあなたが今、この文章を読んでいるのはなぜだろうか。〈絶対のここ〉が、〈絶対のここ〉それ自体を意識しているこの瞬間にあたっているという事実は、偶然の結果だろうか。それとも、「私」は自我体験の最中にしか灯らない、ということなのか。

もし偶然であれば、ある確率的な不合理が生じる。〈絶対のここ〉をじっと考えているという時間は、誰にとっても、例外的なごく短い時間にしかすぎないはずだ。圧倒的に長い時間において、あなたは会話や映画鑑賞に夢中になっていたり、風呂や食事の最中だったり、新聞を読んでいたりして、〈絶対のここ〉のことなど考えていない。覚醒している任意のときに「私」がいるとしたら、〈絶対のここ〉は、相対的に大きな割合を占める「〈絶対のここ〉のことを考えていない時間」にあたるはずである。しかし、ランダムに選ばれた「今」は、そうではない。この確率に反した事実は、次のことの背理法的証明になっている。すなわち、〈絶対のここ〉を意識していないときは人間は哲学的ゾンビであり、そこに「私」がいることはありそうもない、ということの。

改めてベイズ的証明を書けば、以下の通り。

仮説A　〈絶対のここ〉のことを考える自我体験状態になくても「私」はいる。
仮説B　〈絶対のここ〉のことを考える自我体験状態にあるときだけ「私」はいる。
データE　いま、〈絶対のここ〉のことを考える自我体験状態にある。

$$P(A|E)/P(B|E) = (P(E|A)/P(E|B)) \times (P(A)/P(B)) < P(A)/P(B)$$

$$\because \quad P(E|A) \ll 1, \quad P(E|B) = 1$$

つまり、$P(A) \gg P(B)$でない限り、$P(A|E) \ll P(B|E)$である。これが「グルジエフ効果」だ。

ただし、$P(A) \gg P(B)$という先入観は大きいと思われる。先入観を無条件に否定することはできないので、実際にP(A)≫P(B)であると認めるべきである。よって、グルジエフ効果が証明されたのは、「われわれはふだん哲学的ゾンビではないという先入観を強固に抱く理由がなければ」という条件付きにおいて、と言える。

7・2 第5章の重久論稿へのコメント

・本章からの引用

現象相互間には、上下・左右・時間的先後などのいかなる「関係」もありえない。分からないとか不確定だというのではなく、根本的に存在しえないのである。なぜなら、上下・左右・先後などの「関係」は、「一つの現象の内容」として現れるものだからである。すべての形あるものは各々一つの現象なのであり、現象相互の「間」には何ものも存在しない。(一一五頁)

・読解のための問い(三浦)

問1　ここで現象相互間に成り立たない「関係」として挙げられているのは、上下・左右・時間的先後などだが、それらは、日常生活で「関係」と呼ばれているもののうち、一部だけである。では、現象相互間に成り立つような「関係」もあるのだろうか。あるとしたらどのような関係か。

問2　現象相互間に成り立ちえない関係と、成り立ちうる関係との違いを、簡潔に説明せよ。

問3　現象相互間には、上下・左右・時間的先後などの関係がなぜ成り立たないのか、改めて説明せよ。

・答え（三浦）

問1について

「いかなる「関係」もありえない」

……しかしたとえば、現象どうしの間には「ともに現象であるという関係」が成り立つことは容易にわかるだろう。

そのようなトリビアルな関係を重久論文は暗黙に除外して、「関係」という語を狭義に用いていいると解するべきである。

「ある類似度を持つ」という関係はそんなトリビアルな関係の一つである。そういう広義の関係は、a、bが何であってもab間に成り立つ。

というわけで、現象相互間に成り立ちうる関係として挙げられるのは、類似関係、大小関係、再現関係、包含関係、指示関係など。現象どうしは内容的に似ていたり似ていなかったりするし、大小や濃淡を比べることもできる。一方が他方の内容を想起したり予期したりすることで、再現関係・包含関係・指示関係なども成り立ちうる。

問2について

現象相互間に成り立ちうる関係は、各々の現象の内容的属性が与えられれば、そこから自動的に導ける関係である。哲学用語で言えば、現象Aと現象Bそれぞれの内的属性の上に付随する関係である。現象相互間に成り立ちえない関係は、個々の現象の内容的属性が与えられただけでは自動的に導くことのできない関係である。哲学用語で言えば、現象Aと現象Bそれぞれの内的属性の上に付随することはなく、AとBを合わせたシステム全体の内的属性の上に付随する関係である。換言すれば、AとBそのものの外に出なければ決まらない関係である。

後者を「座標関係」、前者を「非座標関係」と呼んでおこう。

やや難しいのは因果関係だが、本文のようにヒューム的な「恒常的隣接」の関係にすぎないものとして因果関係を理解するにせよ、何か外的動因として理解するにせよ、現象Aと現象Bそれぞれの内的属性の上に付随する関係ではない。よって、因果関係は座標関係の部類に入る。

問3について

上下・左右・時間的先後などの座標関係は、内的属性ではなく内的属性の位置、もしくは入れ物どうしの関係と言ってよい。たとえば、太郎と次郎との間の「どれほど似ているか」という非座標関係は、太郎と次郎の外見や性格の間に成り立つ関係だが、座標関係は、太郎や次郎の外見や性格がどんなものであるかに依存せずに成り立つ。つまり、太郎や次郎の外見や性格とは無縁の関係が座標関係なのである。座標関係は、内的属性どうしが内的属性として持つ関係ではない。

・発展問題

しかし、重久論文は「上下・左右・先後などの「関係」は、「一つの現象の内容」として現れるものだからである」と述べている。これは、問2、3でわれわれが確認した、「現象Aと現象Bそれぞれの内的属性の上に付随することはない」という座標関係の本質に矛盾するのではないだろうか。

・答え

「現象Aは現象Bの上にある」「現象Cは現象Dの過去にある」「現象Eは現象Fの結果である」といった座標関係と、次のような非座標関係を区別しなければならない。「現象Aは現象Bの上にあるように感じられる」「現象Cは現象Dの過去にあるように感じられる」「現象Eは現象Fの結果のように現われている」。

「現象Aは現象Bの上にある」「現象Cは現象Dの過去にある」は、偽である。「上」や「過去」は、現象的内容どうしの関係ではありえないからだ。ところが、「上にある感じ」「過去にある感じ」というのは、現象的内容どうしの関係でありうる。実際、個々の現象は、別の現象より時間的に先だったり後だったり上だったり右だったりするように感じられるからこそ、時間の流れや空間的移動や因果律の「感じ」が意識現象の中に組み入れられるのである。

重久論文が座標関係について言う「一つの現象の内容」として現れる」というのは、現象を現象として捉える限りは、この「〜ように感じられる」「〜ように現われる」という非座標関係化された形でしか座標関係は現われることはできない、という意味である。われわれが素朴に思い描く物理的外的時空間の中での座標関係そのものではなく、そのイメージにすぎないわけである。神のイメージは神ではなく、神そのものは存在しないかもしれない。同様に、座標関係のイメージは座標関係そのものではなく、現象どうしの間には成り立ちえない関係なのだ。「〜の上にあるように感じられる」「〜の過去にあるように感じられる」は、類似関係と同じく、意識現象が持つ非座標関係であることを確認していただきたい。

ちなみに、重久の「現象」を「世界」に置き換えて読んでみよう。

世界相互間には、上下・左右・時間的先後などのいかなる「関係」もありえない。分からないとか不確定だというのではなく、根本的に存在しえないのである。なぜなら、上下・左右・先後などの「関係」は、「一つの世界の内容」として現れるものだからである。すべての形あるものは各々一つの世界なのであり、世界相互の「間」には何ものも存在しない。

「現象」を「世界」すなわち「可能世界」と読み替えてもそのまま議論は成立する。「すべての形あるものは各々一つの世界なのであり」の部分を「すべての形あるものはすべて各々一つの世界の中にあるのであり」などと読み替える必要はあるが、対応はほぼ完全である。現象・視点をモナド・可能世界として捉えうる枠組みは、次の新山論文の時制論理学の可能世界意味論へと自然に接続してゆくだろう。

7・3 第6章の新山論稿へのコメント

・本章からの引用

現在形を用いた「自分はいない」という言明が成功するのはどのようなときであろうか。それは、この現実世界とは異なる無数の「可能世界」の一つにおいて「自分はいない」とする言明においてであろう。このときには、現在のこの現実世界には自分である個体が生あるものとして存在しており、一方、未来の可能世界は、自分に相当する個体が非在となっている世界として描写することができよう。（一五一頁）

自分にとっての死は偽装された二人称的他者の死であり、自分に関する死ではない（一七一頁）

・読解のための問い（三浦）

問1　「自分に相当する個体が非在となっている世界」は、「個体aが非在となっている世界」の特殊例である。「個体 aが非在となっている世界」とは、具体的に、どのように設定すればよいだろうか。最も説得力があり、かつ最も単純な方法を述べよ。

問2 「自分に相当する個体が非在となっている世界」を考えることの最も大きなメリットを述べよ。

問3 自分にとっての死は「偽装された二人称的他者の死」だというが、その同じ基準において「偽装された三人称的他者の死」に相当するものは何だろうか。

・答え（三浦）

問1について

個体 aの「このもの性」は、 aが具体的個物として誕生しなかった世界や、死んだ後の世界にも存在することができる。なぜなら、「このもの性」は性質であり、性質というものは、あらゆる可能世界に存在すると考えてよいからである。なぜそう考えてよいかというと、性質は可能世界意味論では「世界から具体的個物の集合への関数」として考えるからである。つまり、性質はすべての可能世界にかかわる抽象的対象なので、「すべての可能世界に存在する」と言えるのだ。このような意味論に従うと、個物 aとは、次のような存在様式を持つことになるだろう。

aが具体的個物として存在する世界においては、{a}という単位集合の要素として存在する。

aが具体的個物として存在しない世界においては、空集合ϕとして存在する。

そして、ａが具体的個物として存在する世界におけるａと、ａが具体的個物として存在しない世界における空集合φとをすべて「または」で結んだ選言的存在が、「ａのこのもの性」であり、これは、ａが具体的存在としてある世界だろうがない世界だろうが、およそすべての世界に存在できるのである。

問2について

「自分に相当する個体が非在となっている世界」を考えることの最も大きなメリットは、言うまでもなく、問1の答えで見た存在論的モデルが獲得できることである。そのモデルは、ａの非在を「ａの具体化しないこのもの性の存在」に置き換えたものであり、「個物は具体的に存在しない世界では抽象的個物として存在する」というモデルだった。

これをモデルＫと呼ぼう。

つまり、「ｘは存在しない（ｘは非在である）」を「ｘは抽象的なｘ性として存在する」に置き換えるということであり、「非在」というあやふやでわけのわからないあり方を、「関数という明瞭な実体であるこのもの性の存在」に置き換えたことになる。モデルＫは、「可能」「偶然」といったあやふやな様相を「可能世界における真」に置き換えた可能世界意味論の方針と全く同じであり、様相論理学に忠実な「非在論」と言える。

問3について

自分にとっての死：偽装された二人称的他者の死＝X：偽装された三人称的他者の死

この比例式におけるXを求めよ、という問題である。

自分にとっての死が「二人称的イメージを介して想像される非在」であると捉えなおせば、正解は自ずと明らかであろう。すなわち、「三人称的イメージを介して想像される非在」つまり「ひとごとである非在」のことだから、それを我が事として残念には思わないような非在、生誕前のことである。

したがって、先の比例式を書き直すと、

自分にとっての死：自分にとっての生誕前
＝偽装された二人称的他者の死：偽装された三人称的他者の死

略した書き方をすると、

死後：生誕前＝二人称：三人称

となるだろう。
この比例式をさらに書き直すと、

未来：過去＝二人称：三人称

となり、「過去の二人称」は「未来の三人称」ということになる。つまり、かつて親しい二人称的存在だった者が疎遠な三人称に変わるというカプグラ症候群的な存在連関を表現する図式とも考えられるだろう。

・発展問題

モデルKを、渡辺論文と重久論文に共通する関心事を脱-神秘化する枠組みとして解釈してみよう。

・答え

モデルKによれば、「私」は必然的に存在する。つまり、どの可能世界にも存在する。ただし、具体的個体として存在するのはいくつかの可能世界だけで、他の可能世界には抽象的個体原理（わたし性）の形で存在する。

この「わたし性」は、個々の人物（あるいは、個々の瞬間的意識）によって異なる実体に対応するが、裸の個体である「わたし性」は、いかなる意味でも互いに区別できないおそれがある。逆に言えば、同一の「わたし性」がすべての個体を貫通している、と考えることができる。モデルKの（新山論文の）「可能世界」は、時間論理における可能世界であって、一般的な意味では一つの現実世界のさまざまな時間的切片を意味しているので、真理様相の可能世界意味論に依存しない渡辺論文と重久論文に適用することは容易である。

こうして、どの時刻においても「私」つまり〈絶対のここ〉が転生しているはずだという渡辺論文の作業仮説と、「私」を含め万物は一つであるという重久論文の作業仮説とは、いずれも恣意的な仮説ではなく、少なくとも臨床的経験に基づいた新山論文の帰結として自然に導出できるものだったことがわかる。複数の独立の論考が同一の仮説を支持するとしたら、その仮説は真剣な考慮に値すると言えるだろう。

以上の論証は、単に「すべての個物を同一物と規約しただけのトリビアルな同語反復ではないか？」という疑念に晒されるかもしれない。たしかに、「私」「一人称」「死」といった真に迫った概念に沈潜した思索は誇大妄想に陥りやすく、誰が論じても似たような内容に収束してしまう傾向があることは確かだ。それは例外なく一元論的不可知論であり、渡辺論文、重久論文、そして新山論文も例外ではない。神秘や深遠さのクオリアは、哲学的考察にいかにも哲学的な実感を与えるがゆえに、論理的な陳腐さを覆い隠す無意識の心理的アリバイを保証してしまうのである。本書の諸論考に対してそうした批判が当てはまるかどうかについては、読者自身の精査と論証に期待したい。

7・4 追記的論考1——物理的実在論という障壁

渡辺論文と重久論文が前提もしくは支持しているのは、いわば「唯心論的一元論」であると言える。すなわち、主観的意識の外部には、意識から独立した時間、空間、因果などの外的座標は存在しない、あるいはその有無は不可知である、という世界観である。

これに対して、常識的な素朴実在論、または、自然科学的な物理的実在論は、主観的意識の外部に、それを包み込む包括的な時空間が実在しているものと前提する。

唯心論的一元論と、物理的実在論の、いずれが正しそうだろうか。

第3章の発展問題における「グルジエフ効果」の証明と同じベイズ推定によって、2つの立場を比較してみよう。

仮説U　唯心論的一元論（意識とは独立に外的物理的実在は存在しない）
仮説B　物理的一元論（意識とは独立に外的物理的実在が存在する）
データE　日常的な経験（いったん目を離して再び見てもこのテーブルが消えることはない）

$$P(U|E)/P(B|E) = (P(E|U)/P(E|B)) \times (P(U)/P(B)) < P(U)/P(B)$$

$$\because \quad P(E|U) \ll 1, \quad P(E|B) = 1$$

つまり、P(U)≫P(B)でない限り、P(U|E)≪P(B|E)である。物理的実在論が優勢である。時々刻々、近未来予測が成功するたびに、意識主体はUに比べてBの信頼性を確証しているのである。

しかも、P(U)≪P(B)という先入観は大きいと思われる。先入観を無条件に否定することはできないので、実際にP(U)≪P(B)であると認めるべきである。よって、物理的実在論は、唯心論的一元論に比べて、圧倒的に優勢である。渡辺論文、重久論文は、唯心論的一元論の「可能性」を根拠づけてP(U)≪P(B)をP(U)≧P(B)に改訂しようとした論考だが、P(U|E)≪P(B|E)を反駁するのに成功したとは言えない。そして、Eに代わるようなP(U|G)≧P(B|G)なるデータGを提示しているわけでもないのである。

7・5 追記的論考2——トリビアルな輪廻転生

唯心論的一元論が物理的実在論よりも高い信頼性を持つとは言えないことに照らして、第二の疑問が浮かび上がってくる。

渡辺論文、重久論文は、「現在のこの（私の）意識」とはまったく内的連続性を持たないいわば「別人の意識」にも「私」は転生しうる、という含みを持つ。対して新山論文は、「現在のこの（私の）意識」が絶対的に非在であるような状態が可能である、という含みを持つ。この両者は、次のような物理的実在論の枠組みに対立する。

a　マルチバースから成る時空間は、無限の広がりを持つ。
b　私であることの必要条件は、意識であることである。
c　意識が私であることの十分条件は、「現在のこの意識」と内的連続性または外的連続性を持つことである。
d　私が存在を保証されている時点において、私は余剰に存在する必要はない。

cの「内的連続性」とは、記憶や質的連続性であり、「外的連続性」とは意識を支える身体の物理的・因果的連続性である。外的連続性は主観的に確かめることはできないが、たとえば記憶喪失時には、「私」の連続性は外的連続性に頼るしかない。そして外的連続性は内的連続性に還元できる。すなわち、「時刻xにおけるこの意識を宿す身体は時刻yにおける意識を宿す身体と物理的に連続しているものと外界の人々は認めている」といったことがxにおいて認識されている、という場合、xにおける意識とyにおける意識の間に「外的連続性が確保されているという自覚」による「内的連続性」が派生的に成立していると見なすことができる。

ある時点の意識に登場する無生物もその意識と内的連続性を持つと言えるが、その無生物それ自体は、bにより、私とは言えない。

つまりbとcは、日常的に「同じ人間に属する意識」と認められる場合の諸意識の集合体を「現在のこの意識」を起点としてまとめたものを「私」の必要十分条件とする考えである。

aにより、一度でも生じた質的現象は、無限回繰り返し生ずる。cにより、常に私は存在する。

つまり私が存在しない時点はない。換言すれば、「現在のこの（私の）意識」が絶対的に非在であるような状態は不可能である。するとdにより、「現在のこの（私の）意識」とはまったく内的連続性を持たないいわば「別人の意識」に「私」は転生する必要がない。

つまり、人物Kは、「物理的実在論の世界観または常識的世界観のもとでの人間Kの（Kとそっくりの）生涯から一歩も外に出る必要がない。Kの生誕から死去までの、まったく同内容の経験を永遠に繰り返すだけである。

もう一度確認する。

aにより、人物Kそっくりの人生は永劫の時間、常に存在する。

bにより、Kは死後に無生物に転生することはない。

cとdにより、Kは死後に生前と最もよく似た唯一者へと転生する。それは任意の系における、Kそっくりの存在である。

つまり、Kはいつまでたっても K的意識主体以外ではありえない。

——以上のような「トリビアルな輪廻転生観」こそが、物理的実在論からの帰結となる。

このトリビアルな輪廻転生観は、「「私」は不死である」ことを保証するが、十全な意味での輪廻転生を表わしてはいない。現実に不幸な人生を送っている人にとっては、永遠にこの同じ人生を繰り返さねばならぬという、まったく慰めにならない内容を持つ思想に他ならない。

このトリビアルな輪廻転生観に替わる世界観もしくは自己観を、本書所収の諸論考がどこまで説得的に論じ得ているか。これも読者の検証に俟たなければならない。

7・6　追記的論考3

前節（追記的論考2）で提示したa、b、c、dのうち、「トリビアルな輪廻転生観」を帰結するのに必要な前提は、実はdだけである。

そしてdは、唯心論的一元論と物理的実在論が共有する前提でもある。ただしdの含意は両者において異なる。物理的実在論では、時空的外界を前提するので、「私」は一つの時点あたり一つずつ実現してゆく、というモデルを帰結する。同時に一つ、因果線を辿って継起的に実現してゆくということだ。

対して、唯心論的一元論は、意識的内容と独立に「時点」を定義することができない。よって、「別の時点における私」というものは未定義である。すると、唯心論的一元論のもとでは、dの帰結は次のようになりそうだ。

「私」はすでに「この意識」としてここにある。重久論文に明示されているように、外的な時空間的枠組みや因果関係が同一性基準として存在しないのであれば、「この意識」はこのように今あるというだけで完結できる。つまり、任意の意識は「一度でも同一性関係を結んだ対象」との間に永遠に同一性関係を優先的に結び続けることとなり、〈絶対のここ〉に安住し続けるはずなのである。なぜなら、一度「私」がそうであった「この意識C」が非座標的に存在するということは、Cが消滅しているような座標上の位置がないということだからだ。すなわちそれは、Cがいわば永遠に存在することを意味するのである。永遠にCが居座っている限り、Cではない何かへと私が移る可能性は保証されず、必要性も見いだせなくなる。他のいかなるものが存在しようとも、Cこそが最も「私」にふさわしいはずだからである。

そして今この瞬間、私は確かに、他の何物でもなく（つまり遍在状態としてあるのではなく）ただ特殊的Cでしかない、ということを知っている。唯心論的一元論からは、いかなる転生も不可能となってしまう。

このようにして、〈絶対のここ〉を相対的に位置付ける外的座標がないならば、「別の人物」へと転生することはおろか、他の瞬間的意識へと転生することもできなくなる。すなわち、絶対的に存在が保証された唯一の瞬間的状態に、主体は閉じ込められたままとなるのである。

万物一如の輪廻転生は、こうして自己否定に陥る。転生を有意味に語るためには、輪廻する主体を相対的に位置付けるための外的座標が必要なのである。つまり、物理科学的な常識に合致した時空的枠組みを肯定したうえでないと、輪廻転生観を整合的に展開することはできないと考えられるのである。

以上のことから、純粋に論理的観点からすれば、渡辺、重久、新山の議論は、どれも「失敗」を運命づけられていると言えそうだ。臨床研究にかかわる目的をも有する渡辺と新山の論考は、哲学的・論理的な文脈を離れて心理学的・医学的意義を主張できるかもしれない。しかし重久にとっては、ここで指摘された論理的帰結は真剣に受け止めるべき課題となるだろう。もちろん結論や中間諸帰結の真偽にかかわらず思索の経緯そのものを表現することが哲学の第一義であるとすれば、論理的完結を見る見込みのない重久論文もその第一義を十分果たしているとは言えるのではあるが。

7・7 追記的論考4

「一人称」からの思索というものは、概して「観念論」に傾きやすく、最終的には「私の心の内容とは独立に何かが実在するというのは虚妄である」という「唯我論」に依存してしまいがちである。そこで、唯我論に対する、論理的な疑義を提示しておこう。

唯我論は、追記的論考1、2、3で論じた「唯心論的一元論」の特殊例である。他者の心そのものの全面的に「私の心」の内容である、という比較的トリビアルな条件のもとでは、唯心論的一元論と唯我論とは同値の世界観となる（なお、本来の意味からはずれた用法がはびこる「独我論」という呼称は使わないことにする）。

実際には、一人称的議論にとって唯我論的枠組みが必要であると信ずる論者はほとんどおらず、唯我論的枠組みが採用される場合も、一種の作業仮説として、暫定的に用いられるだけのことが多い（デカルトの方法的懐疑論が典型例）。したがって以下の論証は、単なる方法的道具としての唯我論を、哲学体系の公理あるいは実質的な帰結と無自覚に混同しないための注釈である。

私により認識されていることを表わす演算子をCとし、任意の命題pについて、「私はpを認識している」を、Cpと記すことにしよう。（「認識している」の意味は、「知っている」「正当な理由で真と信じている」どちらでもかまわない。唯我論においては実在論が否定されるので、外在主義的基礎づけの認識論は成立せず、「知識」と「正当化された真なる信念」との区別は無意味となるからである。）

さて、唯我論の論理的帰結として、次のことが成り立つ。

任意の命題 p について、

p≡Cp　　……①

ちなみに①は、単に左辺と右辺が同値というにとどまらず、同義である、すなわちあらゆる文脈で交換可能であることを意味している。

ここから、次のことが帰結する。

~p≡~Cp　　……①の両辺を否定

~p≡C~p　　……①の p に~p を代入

以上の二式から、次のことが帰結する。

$$\sim Cp \equiv C\sim p \qquad \cdots\cdots ②$$

これは、次のことを意味する。任意の命題について、それを私が認識しない場合、私はその命題の否定を認識している。

これは、とうてい真とは思われない。たとえば、pとして、「銀河系には地球以外に知的生命がいる」とする。

私は、このpが真であることを認識していない。なので、②の左辺は真である。

他方、私は、~pすなわち「銀河系には地球以外に知的生命はいない」を認識しているだろうか。そんなことはない。

つまり、②の右辺は偽である。

したがって、②の同値式は偽である。

②から、さらに明白な誤りを導き出すこともできる。

②のpとして、q「銀河系には地球以外に知的生命がいる」と~q「銀河系には地球以外に知的生命はいない」を考えよう。

②の左辺は、

$$\sim Cq \quad および \quad \sim C\sim q$$

②の右辺は、

C～q　および　C～～q

（ちなみにC～～qは　Cqと書ける。）

唯我論によると、左辺が真ならば（実際に真だが）右辺も真のはずなので、

～Cq　かつ　～C～q　かつ　C～q　かつ　Cq

したがって、

～Cq　かつ　Cq　……③

～C～q　かつ　C～q　……④

となる。これは明白な矛盾である。qおよび～qを、私は知っていると同時に知らない、ということになるからである。

さて、Cを除去して裸の矛盾を導くこともできる。

①により、

～Cq は～q と同義であり、Cq は q と同義

したがって、③から　q かつ～q　……⑤

⑤は矛盾である。

唯我論によると、世界は矛盾に満ちていることになる。

この時点ですでに唯我論の不合理性が帰結したと言えるが、弁証法的世界観を盾に、「矛盾に満ちていて結構！」と、⑤を受け入れる立場もあるだろう。

しかしその場合も、次のような不合理が導ける。

私は実際には、q かつ～q すなわち「銀河系には地球以外に知的生命がおり、かついない」と認識することはできない（信じることすらできない）。

よって、

C（q かつ～q）は偽である。　……⑥

ところが、q かつ～q が真であることは⑤で証明されている。（よって、弁証法的論者はそれを肯定するだろう）。……⑦

したがって、⑥と⑦より、①の反例が得られた。

p に q か⊃～q を代入すると、p≡Cp は成り立たなくなるからである。
唯我論は自己否定的であることが、これで証明される。
そのほかにも、①に対しては次のような反例が構成できる。
①で p として ∃x Fx をとると、
C∃x Fx≡∃x C Fx ……⑧
⑧は、次のことを述べている。二つの例を挙げよう。

1 左辺……宇宙定数の正確な値がある、と私は認識している
右辺……宇宙定数の正確な値だと私が認識しているような値がある

2 左辺……自分は今、誰か別の人物でもありえた、と私は認識している
右辺……私が自分は今、その人でありえたと認識するような特定の別の人物がいる

明らかに、左辺は真だが右辺は偽である。つまり⑧は偽なので、⑧を帰結する①も偽であることが示された。

このように我々は、自分が「論理的に考えた場合の認識システム」とは背反する数多くの帰結を

唯我論が有することを知ることができる。こうして、唯我論は論理的に維持できない立場であることが論証できるのである。

対して、死生学に限らず、一人称からの考察というものは、いかなる分野においても論理的整合性を持ちうるし、有意義である。したがって、一人称からの死生学を展開する場合に、唯我論的、さらには唯心論的なパラダイムを採用することは決して要請されないし、望ましくない。それどころか不可能であることが導かれる。もしも唯心論的なパラダイムを採用した場合は、一人称からの死生学は論理的整合性を持ちえないことになるからである。

以上の論証に対して、直観的に許容できる最低限の修正を施すことにより、唯我論から見かけ上矛盾を生じないような措置を施すことはできるかもしれない（直観主義論理学や矛盾許容論理学はその候補となる）。しかし形而上学的立場から見るならば、本来特定の目的に資する方法的戦略である非標準論理学を、目的が定かでないまま拡張するような不自然な労力を費やすよりも、実在論的枠組みにおいて一人称的議論を展開した方がはるかに自然であり、生産的である。

冒頭に述べたように、実際には、一人称的議論が唯我論的枠組みを要請するなどと素朴に信ずる論者はほとんどおらず、日常生活で唯我論に従って生きることも不可能である。したがって、以上の論証は藁人形論法的な過剰防衛というか、一種の杞憂であったとも言える。しかし論理的・学問実践的にはともかく心理的には、「一人称視点」から「一人称定位」そして「一人称優位」「一人称のみ」「唯我論」とすべり移ってしまう事例が容易に考えられるため、注意が必要なのである。

[コラム] 論理記号と条件付確率の式(ベイズの定理)について……三浦俊彦……

記号論理学と確率については、基本的な記法を憶えておくと便利です。日常言語で長々と書き綴っているとつい混乱しがちな論旨を、簡潔に整理することができるからです。ここでは、述語論理学と条件付確率の記法について、本書の読解に必要な限りにおいて解説しておきましょう。

述語論理学の記法

あるもの a が性質Fを持つことを、Fa と書きます。a と b が関係Fで結ばれていることを、Fab と書きます。(関係は、Fabc、Fabcd というふうに、項をいくらでも増やせますが、ここでは項は二つまでを考えます。)

Fa は、真理値(真または偽という性質)を持ちますが、a、F の両方が具体的に特定されないと、真理値を持つことができません。

a が特定されていない場合、Fx と書かれます。Fx から真理値を持つ命題を得るには、二つの方法があります。

① x に特定の対象を代入する

② x を一般化する。

二番目の方法は、さらに次の 2 種類があります。

∀xFx　∀xは「すべてのxについて」と読む……すべてのxはF

∃xFx　∃xは「あるxについて」と読む……あるxはF

Fabについても同様。aとbが特定されていない場合、Fxyと書かれます。ここでも、次のように∀、∃を使って真理値を持たせることができます。

∀x（∀y（Fxy））　すべてのx、yについて、Fxy

∀y（∀x（Fxy））　すべてのy、xについて、Fxy

∃x（∃y（Fxy））　あるx、yについて、Fxy

∃y（∃x（Fxy））　あるy、xについて、Fxy

∃x（∀y（Fxy））　あるxについて、どのyもFxy

∃y（∀x（Fxy））　あるyについて、どのxもFxy

∀x（∃y（Fxy））　すべてのxについてそれぞれ、Fxyなるyがある

∀y（∃x（Fxy））　すべてのyについてそれぞれ、Fxyなるxがある

カッコはなくても読み方に曖昧さは生じませんから、

ふつうは、∀x∀yFxy　∀y∃xFxy　のように書いてよいのです。

条件付確率の記法

命題Aが真である確率を、P(A)

命題Eが真であるという条件のもとで、Aが真である確率を、P(A|E)と書きます。
仮説A、仮説Bをそれぞれデータ Eに条件づけて、P(A|E) と P(B|E)を考えましょう。

P(A|E)＝P(AかつE)/P(E)＝P(E|A)P(A)/P(E)

P(B|E)＝P(BかつE)/P(E)＝P(E|B)P(B)/P(E)

分子であるP(AかつE)がP(E|A)P(A)に等しいとされていますが、これは、確率の意味を考えれば（可能的事象の比率であることを考えれば）納得しやすいでしょう。
分母のP(E)の値は不明であるのが普通ですが、上の二式の比をとることでP(E)を消すことができます。

P(A|E)/P(B|E)＝(P(E|A)/P(E|B))×(P(A)/P(B))

この式（ベイズの定理）により、〈Eを得る前のA、Bの事前確率に比べて、Eを得た後のA、Bの事後確率がどう変わるか〉が、以下のように検証できます。

P(E|A)/P(E|B)＞1ならば、
P(A|E)/P(B|E)＞(P(A)/P(B))
……データEは仮説Aに有利（Aを確証する）

P(E|A)/P(E|B)＝1ならば、

P(A|E)/P(B|E)＝(P(A)/P(B))

……データEは仮説A、仮説Bに対して中立

P(E|A)/P(E|B)＜1ならば、

P(A|E)/P(B|E)＜(P(A)/P(B))

……データEは仮説Bに有利（Bを確証する）

付論

三浦による批判への応答

渡辺恒夫
重久俊夫
新山喜嗣

1　渡辺論考へのコメントへの応答（渡辺）

第7章（三浦）7・1節の「読解の手引き」で取り上げられている第4章4・4節のオランダ人女性たちの事例4‐5、4‐6を再読し、これらが「誤読」を生む構造になっていることに気づいたので、私自身がこれらテクスト事例をどのように読んでいるかを述べておく。参考までに、これら事例のパラドックスとしての意義を述べた部分を第4章から引用する。

〔両事例とも〕唯一性の自覚のままでとどまれば、事例4‐4のような「独我論的体験」として凝固したであろうと思われるのである。

ところが、両事例とも、「私はその夜考え続け、誰もがみな自分自身なのだと気づきました」（4―5）「今では、誰もが唯一の存在だと（知的には）わかります」（4―6）と、新たなる展開を示している。これは一見、「成長」に思える。けれどもよく考えれば、容易ならぬパラドックスに嵌り込んでいることが分かる。誰もが自分のように唯一では、「唯一存在」が多数あることになり、自分もまたそのような多数例から成る『類』の一員に過ぎず、唯一どころではなくなってしまうではないか。（八一―八二頁）

誤読を生む構造とは次のようなことだ。読者がこれら事例を読んで「自我体験」だと理解することは、自分も「唯一者」であると自覚することである。ところが暫くして「待てよ。このテクストを書いたオランダ人女性は私にとって他者ではないか。彼女にとっての自己の唯一性と私にとっての自己の唯一性とが併存していることになる。結局、誰もが自分にとって唯一なのだ」と思ってしまう。つまり、テクストを読む行為が、構造として「にとっての唯一性」という読み方しか可能でないようにしてしまうのである。

このような読み方を避けるために、私自身が自我体験研究で用いているテクスト事例の現象学的な読み（エポケー読み）を、次頁の表に紹介しておく。

このような読みは、「そのテクストの作者である他者」の存在を最初から前提とはしない読み方であり、他者の存在と上空飛行的視点をカッコ入れし、マッハの自画像的な世界から出発するという、現象学的還元に基づく読み方である。エポケー読みを貫くことは、相対的であるゆえに自明な私にとっての「ここ」ではない、絶対の《ここ》に出会うことである。そしてここで初めて、他者を私と等根源的に理解する限り他者にも《絶対のここ》が臨むことを指し示すような構造が、私の他者経験の構造中に見出せるかという、超越論的現象学の問いが、可能となるのである。詳しくは第４章５節以下を再読していただきたい。

事例テクストを、そのテクストの書き手や話し手という他者の体験を記録したものとして読むのではなく、「自分自身が体験し、記録し、どこかに仕舞い込んだまま忘れていた秘密のノートに再会した」ものとして読む。三人称で書かれている場合は一人称に変換する。

表　テクストのエポケー読み

（拙著『フッサール心理学宣言』講談社、第３章より）

なお、第６章担当の新山から三浦のこの「読解への手引き」について次のような意見が寄せられているので、新山の了承をえて一部を紹介しておく。私自身は記号論理に暗く、判断を控えるが、②、③をどう記号表現するかを含めて読者自身の課題としていただきたい。

　第４章への問３の答について。「①自己の唯一性 $\exists x \forall y Fxy$」とあるが、渡辺の意図は「〈唯一性〉一般」ではないので、通常の記述論理に従う限りでは、Jxを「xは自分である」として、

$$\exists x (Jx \wedge (\forall z\, Jz \supset (x = z)) \wedge \forall y Fxy)$$

となるのでは？

2 重久論考へのコメントへの応答（重久）

第5章「ナーガールジュナから構想する生と死のメタフィジックス」では、ある意味で輪廻転生観ともいえる「形而上学的世界（観）」を提唱した。第7章（三浦論文）の「追加的論考1〜4」は、それに対するありうべき疑問を提示したものであり、ここで簡単に応答しておきたい。

第一の論点は〝科学的世界観（物理的世界）との関係〟である。これには、第5章5・6節の三世界モデルを踏まえて応答することが可能だ。そのモデルとは次のようなものである。

「形而上学的世界」の中の意識現象が、整合的な「記憶」を持つことによって、「仮想時間」が起《た》ち上がり、日々の「経験」が展開する。そうした経験の内容が「日常的世界」である。それはさまざまな仮定や思い込みからなる「信念」で彩られている。たとえば、「ここに缶がある」というのも信念であり、それは、「横から見れば長方形が見え、上から見れば円が見える」という「知覚の可能性の集合」を信じることである。こうした「日常的世界（観）」がさらに拡張され、ビッグバンの一秒後の宇宙とか素粒子の世界のように知覚不能なものをもカヴァーし、もっぱら言葉（記号）で記述されたものが「科学的世界観」である。

意識現象と物理的存在者の総体を「不可知の実在界」と呼ぼう。「不可知の実在界」は、そのすべてを今ここで経験することができないという意味でまさに「不可知」だが、その中の一部は意識現象として現に経験されており、経験は次々に展開する（かのように見える）。そうした経験の流れは、「ドアを開ければ廊下が見え、何度開けても同じ廊下が見える」というように一定の秩序を持つ。その展開を予測するためのモデルが「科学的世界観（物理的世界）」である。それは、経験の予測可能性を高めるべく漸次精緻化されてゆき、もしも完全に認識されたならば、いわゆる「物理的世界」が外界に実在した場合と同じだけの情報量を持つ。しかし、そこで語られる言葉はあくまでも仮設された記号であり、物そのものをそのまま写すわけではない。

以上の考察を踏まえて、三浦の批判（追加的論考1）を検討しよう。まず、「形而上学的世界観」はあくまで一般論であり、経験を具体的に予測するものではない。それゆえ、経験の予測能力に関して「形而上学的世界観」と「科学的世界観」とを直接比較し、前者を批判することは不公平である。（たとえば、一般論としての力学法則だけを学んでも天気予報はできないが、だからといって力学法則が間違っているとはいえないだろう。）予測能力を比較するならば、既に述べたような形で「科学的世界観」を併用した「形而上学的世界観」と、「科学的世界観」とを比べなければならない。そして、いうまでもなく、両者は同等である。（追加的論考1の記号を借りれば、P(E|U)とP(E|B)はイコールである。）

結局、筆者と三浦の違いは、三浦が「科学的世界観（物理的世界）」を文字通りに実在視するのに対して、筆者はそうではなく、「不可知の実在界」が〈科学的世界観というモデルの予測する通りに〉経験されると考える点である。そう考える理由は、物そのものが不可知だという三世紀前にカントの示した洞察が、量子力学の確立した現在でも、より一層妥当するからである。仮に分子が目に見えたとしても、目に見えるものは物そのものの外観、すなわち知覚像に過ぎない。（これこそ、まさに科学の教えるところではないか。）それゆえ、「科学的世界観（物理的世界）」を文字通りに受け入れようと熱望しても、単なる記号以外の何を信じたらよいのか、見当すらつかないのである。

確かに、〈「不可知の実在界」が科学的世界観の予測する通りに現れる性質を持つ〉という説は、いささか不自然に見え、一方、「科学的世界観」そのものは世界を無理なく説明するように見える。しかし、本当にそうだろうか。第5章5・5節の論点4で論じたように、「科学的世界観」とは、法則と初期条件の組み合わせによって世界を説明するものである。しかし、法則や初期条件そのものの根拠は、結局不可知である。科学は〈いかに〉を説明するが〈なぜ〉を説明するものではないといわれる所以である。従って、いかなる立場をとっても、世界の〈不思議さ〉〈無根拠さ〉には何の差異もない。その上、物理的世界を実在視するにしても、その具体的な中身は、経験にもとづいて推測しているに過ぎず、仮設としての「科学的世界観」と何ら変わらない。以上が、第7章の追加的論考1に対する応答である。

追加的論考2、3は、第5章とは大きく異なる立場で立論されており、簡潔な言葉で反論することは難しい。取り敢えず、追加的論考2の、「まったく慰めにならない内容を持つ思想」だという批判を取り上げる。これに対しては、「慰め」になることを重視するのは臨床死生学の立場であって、人文死生学の立場ではないと答えたい。大事なことは、そうした目的論的〝効用〟のために、結論が規制されてはならないということである。

次に、追加的論考3の、〈一度「私」がそうであった「この意識C」が（中略）いわば永遠に存在することを意味するのである〉という指摘を取り上げよう。これには、第5章5節の論点2を繰り返すことで応答したい。すなわち、〈今ここ〉で経験されている（意識）現象は、〈今ここ〉に限定された単一の現象である。それゆえ、この瞬間の（意識）現象は、〈変化〉も〈持続〉も中に含まず、文字通り一瞬で滅すると考えられる。滅しても（虚無がありえない以上）、必ず何らかの別の現象が生じていなければならない。こうして、「この意識C」が〈永遠〉に持続するものではないことが示される。それは、（意識）現象自体の本質から説明されており、「この意識C」の移転先を客観的な座標で指定することが必要条件ではない。（その上、意識現象が移転する先を物理的な時空で指定するということは、厳密な心脳同一説を前提にしない限り、カテゴリーミステイクではないか。）

一方、追加的論考4に関していえば、第5章はこの種の唯我論（独我論）を積極的に主張してはいない。ただ、三浦の唯我論批判には、C（認識）が多義的すぎるという難点があるようだ。Cが、「山が見える」といった知覚のことであれば、唯我論を前提にした場合、式①も式②も妥当である。一方、Cが「物理学や数学の理論を知る」といった概念的知識のことであれば、唯我論を前提にしても、①も②も妥当ではない。しかし、このことは、知覚と概念的知識の違いを示すものであって、唯我論そのものを否定する根拠といえるのかは、いささか疑問である。

3 新山論考へのコメントへの応答（新山）

第7章での三浦による第6章に対するコメントから、一点だけ取り上げたい。それは、「このもの性」に関わる議論であり、新山が第6章で充分に検討しきれなかった重要な問題を孕んでいるからである。その重要な問題とは、三浦は「このもの性」を性質として捉え、かつ、この性質はすべての可能世界にそれ自体が区別のできない性質としてあまねくゆきわたっているとしている点である。このことからすれば、死後に生の性質を剥奪された自分の「このもの性」と、他の多くの人間の死後の「このもの性」は、それぞれが別個のものではなく一つのものである可能性が出てくる。

もちろん、新山は「このもの性」を性質とは対極の個体原理として捉えることから、その限りでは三浦と新山は、「このもの性」について始めから別方向を向いているようにも見える。しかし、存在者の内部において「このもの性」が果たす役割を見るとき、三浦と新山の差異はそれほど瞭然としていない。それは、第6章の最終節において、新山が死を不完全な非在としたとき、その不完全さが、「このもの性」に付着する「性質の担い手である」、「自己同一的である」といった性質群に裏打ちされていることからもわかる。つまり「性質の担い手である」、「自己同一的である」といった性質は、普遍者として、あらゆる人間に関する死後の不完全な非在を貫いており、よって、死後にはあらゆる人間は一つの「このもの性」に収斂するのではないかという疑惑が湧くのである。

果たしてそうなのだろうか。もはや、世界に存在する存在者の同一性の問題に対して、われわれは目を背けることができなくなったことは明白である。なぜなら、死後の個体に関わる個別性の問題は、そのまま存在者に関する同一性の問題に直結しているからである。

今、形式的な論理学上の同一性を世界の存在者に適用しようとしたとき、われわれが即座に気付くことは、多くの場合に論理学上の同一性は、存在者の通時的同一性にそのまま読み換えられてしまうということである。つまり、ある対象が数的に同一であるとわれわれが言うとき、とくに断わらない限り、その対象の異なる時点での同一性が述べられている。たとえば、「以前に緑であったバナナと現在は黄色であるバナナが同一である」とわれわれが述べるとき、以前と現在のバナナの間での通時的同一性が指摘されているのである。

しかし、次のようなケースではどうであろうか。今、正面から黄緑色に見える半熟のバナナが、光が射す方角である左のビデオカメラからは黄色に写し出されていて、右のビデオカメラからは緑に写し出されているとする。両方の画像が並べられたスクリーンを見る者が、「両方のバナナは同一である」と述べるときには、方角による見え方という性質の差異を通じて当のバナナが同一であることが主張されている。ここには、時間の差異が入り込む隙はない。このように、存在者の同一性が必ずしも通時的同一性を意味しないケースが出てくることがわかる。

およそ、二つの対象の同一性が詮議されるとき、かなめとなるのは、そのときに二つの対象において何らかの述語的性質が異なっていることである。それは、時間であれ、その他の諸性質であれ、そのときどきのコンテキストによって可変的であり、ちなみにバナナについては、色の違いを通じての同一性ばかりでなく、味の違いを通じての同一性が詮議されることも、においの違いを通じての同一性が詮議されることもあろう。ともかくも、世界の存在者の同一性を指摘するわれわれの言命が有意味に語られるためには、何らかの性質を要点として、その性質の差異を含みつつなおも対象が同一であることを語られる必要がある。

ここでわれわれが気付くことは、対象の述語的性質の差異を認めた上で、その対象の同一性について語ることは、とりもなおさず第6章で述べた可能世界意味論の現実主義を採用しているということである。この現実主義においては、現実世界の個体を出発点として、それに帰属する述語的性質が異なっている世界がその個体が存在する可能世界となる。このとき、出発点となった個体について、世界間での貫世界同一性は始めから保障されている。というのも、われわれがクリプキ型の約定主義をとり、もっか注目する個体についてその個体に付帯する属性の差異をもってもう一つの可能世界が約定されたとすれば、その個体に関する貫世界同一性は始めから約定の前提だったはずである。すなわち、貫世界同一性はいつも先決されているのである。

今やわれわれは、自分の死としての不完全な非在と他者の死としての不完全な非在について、それらが同一のものに収斂するか否かを検討する地点にたどり着いたと思われる。

なるほど、先に述べたように、不完全な非在はどれもが「性質の担い手である」、「自己同一的である」などの「このもの性」に付着する共通の性質から成り立っており、少なくともわれわれの認識が、これら一つ一つを識別することはない。しかし、今しがた述べたことからすれば、可能世界に存在する自分の死としての不完全な非在は、現実世界の自分を起点として約定されたものである。その限りで、自分の死としての不完全な非在は、現実世界の自分と相続線で結ばれた貫世界同一性をもつことになる。同様に、可能世界に存在する他者の死としての不完全な非在も、現実世界の他者を起点として約定されたものであり、現実世界の他者と相続線で結ばれた貫世界同一性をもつことになる。

ここで、われわれが留意すべき重要な点は、自分が生をもつ現実世界では、自分と他者はそれぞれが独立した存在として別個であるという点である。このことから、自分と他者のそれぞれにおける生前と死後の間での貫世界同一性は、次のことを帰結させることになる。それは、自分の不完全な非在と他者の不完全な非在との間には、たとえそれらの間に属性の差異はなくとも、現実世界における私と他者の非同一に起源をもつ、まさしく非同一が成立するということである。すなわち、現実世界における自他の分離は、死後における不完全な非在同士の分離までをも規定しているのである。

結局、自分の死としての不完全な非在は、他のどのような不完全な非在とも融合することなく、死後も個別性をもった一つとして独立を保つはずである。その独立は、われわれの認識とは常に無関係であり続け、存在論的な独立と呼べるものに違いない。

あとがき

本書の執筆には「人文死生学研究会」の世話人五名があたった。刊行の発案は、研究会の発足時の代表者である渡辺恒夫氏によるものである。同氏は、研究会の成果を例会の参加者だけではなく、死の当事者たる世の人々に伝えるべきと考えたのである。これには、世話人全員がすぐに賛同した。ただし、各執筆者の論述が一人称の死という開始点での共通性はもつものの、それまでの研究会での発表や討論から、着地点は各々相当に異なることが予想されたため、全体の構成をどうするべきかは当初から課題であった。そこで、渡辺氏がまず全体の構成の原案を作成し、現在の研究会の代表者である三浦俊彦氏と三人目の編者である新山が意見を出しつつ改変を行った。また、この過程で、他の執筆者である重久俊夫氏と蛭川立氏の意見も参考にさせていただいた。

これまでも「死の哲学」を謳う書は、それほど多くないにせよ人々が手にできるものはあった。しかし、意外なことであるが、そのような書の大部分は、死が反照的に映し出した生の意味を解明することに主眼が置かれ、死そのものにはあまり関心をよせてこなかったように思われる。そのような中で、本書は異型の書として生まれたと言えよう。なぜなら、一読いただいた通り、死を控えたわれわれがいかに生きるべきかを主眼とした記述は一つもない。いずれの章でも、関心は死そのものに注がれており、かつ、いずれの執筆者においても、他でもない自分自身の死を考え抜こうとしている。まさしく、死生学ならぬ「死学」である。

しかし、その一方で、鋭敏な読者においては本書には死臭がほとんど伴わないことを感じたかもしれない。でも、それは考えようによっては当然である。なぜなら、およそ死臭とされているものは、死の核心そのものではないからである。たぶん、死臭として個々人が感じ取るものは、日常生活にある感覚的な対象から、観念的な思考に関わる対象まで多様であろう。しかし、そのいずれもが、死の核心からはそれた死の周辺部をなす事象である。死が誰にとっても共通するものなのに、死臭とされるものが各人によって異なることがそのことをよく示している。本書の関心は、ストレートに死そのものにあったのである。

先述のように、本書は「人文死生学研究会」の活動の中から生まれたものである。したがって、これまでの例会でなされた討論が、各章の記述に対して執筆者も気づかないうちに少なからぬ恵みを与えている可能性がある。死に関わる思考には、とかく独断の深みにはまる危険が潜むが、開かれた討論がそれを回避させてくれるからである。ひとりひとりのお名前は記さないが、例会に毎年のように顔を出し、そのつど有意義な意見を出してくださった方々に、この場を借りてお礼を申し上げたい。

最後に、春秋社の編集者である小林公二氏には心から感謝したい。本書がまだ構想の段階であった頃に同氏に出版を相談したところ、同氏は「きっとおもしろい本になる」という言葉をくれてわれわれを勇気づけてくれた。その後、同氏は暫定稿の段階から最後の校閲の段階まで、われわれを力強く支えてくださり、出版の実現に導いてくれた。同氏には、重ねてお礼を申し上げたい。

編者の一人として　新山喜嗣

二〇一七年十月

執筆者一覧

渡辺恒夫 *Tsuneo WATANABE*

1946年生まれ。京都大学大学院文学研究科博士課程単位取得退学。博士（学術）。東邦大学名誉教授。専門は、心理学・現象学。著書に『夢の現象学・入門』（〈講談社選書メチエ〉講談社、2016）、『フッサール心理学宣言——他者の自明性がひび割れる時代に』（講談社、2013年）、など多数。

重久俊夫 *Toshio SHIGEHISA*

1960年生まれ。東京大学文学部（西洋史）卒。著述家／教育職。専門は、哲学・思想史。著書に『時間幻想——西田哲学からの出発』（中央公論事業出版、2009年）など。論文に「すべての経験は純粋経験である」『西田哲学会年報』（2004年創刊号）など。

三浦俊彦 *Toshihiko MIURA*

1959年生まれ。東京大学大学院総合文化研究科博士課程単位取得退学。現在、東京大学文学部教授。専門は、美学・分析哲学。著書に『天才児のための論理思考入門』（河出書房新社、2015年）、『改訂版 可能世界の哲学——「存在」と「自己」を考える』（二見文庫、2017年）など。

蛭川　立 *Tatsu HIRUKAWA*

1967年生まれ。東京大学大学院理学系研究科博士課程単位取得退学。現在、明治大学情報コミュニケーション学部准教授。専門は、人類学と心理学の境界領域。著書に『彼岸の時間——〈意識〉の人類学』（春秋社、2002年）、『精神の星座——内宇宙飛行士の迷走録』（サンガ、2011年）など。

新山喜嗣 *Yoshitsugu NIIYAMA*

1957年生まれ。秋田大学医学部医学科卒。医学博士。現在、秋田大学大学院医学系研究科保健学専攻教授。専門は、臨床精神医学・精神病理学。著書に『ソシアの錯覚——可能世界と他者』（春秋社、2011年）、論文に「自分の死と他者の死は誰に関わることか——死の形而上学へのカプグラ症候群からの問いかけ」『生命倫理』（第17巻、2007年）など。

人文死生学宣言——私の死の謎

2017年11月20日　第1刷発行

編著者————渡辺恒夫・三浦俊彦・新山喜嗣
著者————重久俊夫・蛭川　立
発行者————澤畑吉和
発行所————株式会社　春秋社
〒101-0021東京都千代田区外神田2-18-6
電話03-3255-9611
振替00180-6-24861
http://www.shunjusha.co.jp/
印刷————株式会社　太平印刷社
製本————黒柳製本　株式会社
装丁————伊藤滋章

ISBN978-4-393-33362-4
定価はカバー等に表示してあります